シルクロード紀行

正倉院へとつづく道

読売新聞大阪本社/奈良国立博物館［編］

ミネルヴァ書房

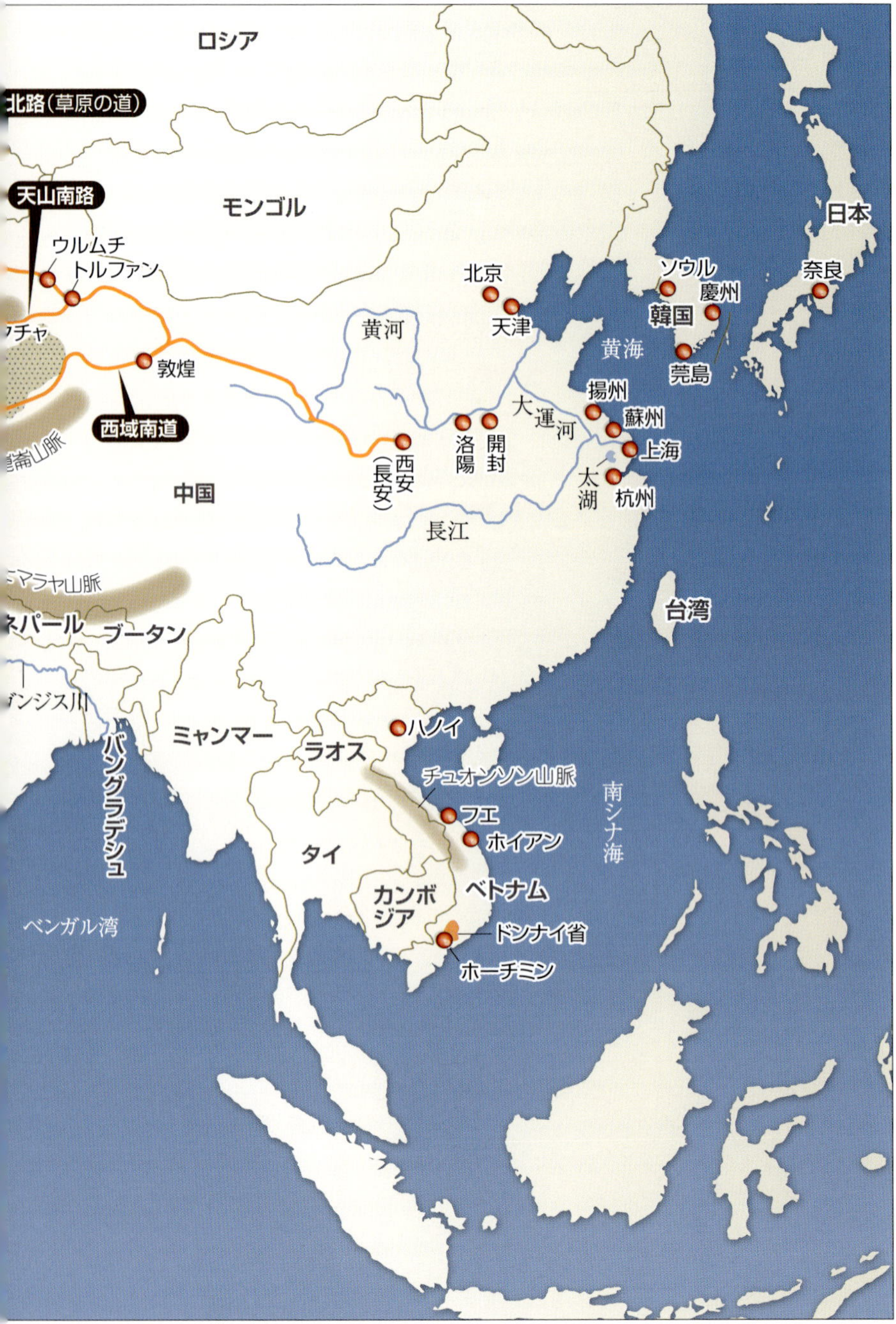
ロシア
北路（草原の道）
天山南路
モンゴル
日本
ウルムチ
トルファン
クチャ
敦煌
西域南道
崑崙山脈
北京
天津
ソウル
慶州
韓国
奈良
黄河
黄海
莞島
揚州
大運河
蘇州
上海
洛陽
開封
西安（長安）
太湖
杭州
中国
長江
台湾
ヒマラヤ山脈
ネパール
ブータン
ガンジス川
ハノイ
ミャンマー
ラオス
バングラデシュ
チュオンソン山脈
南シナ海
フエ
ホイアン
タイ
カンボジア
ベトナム
ベンガル湾
ドンナイ省
ホーチミン

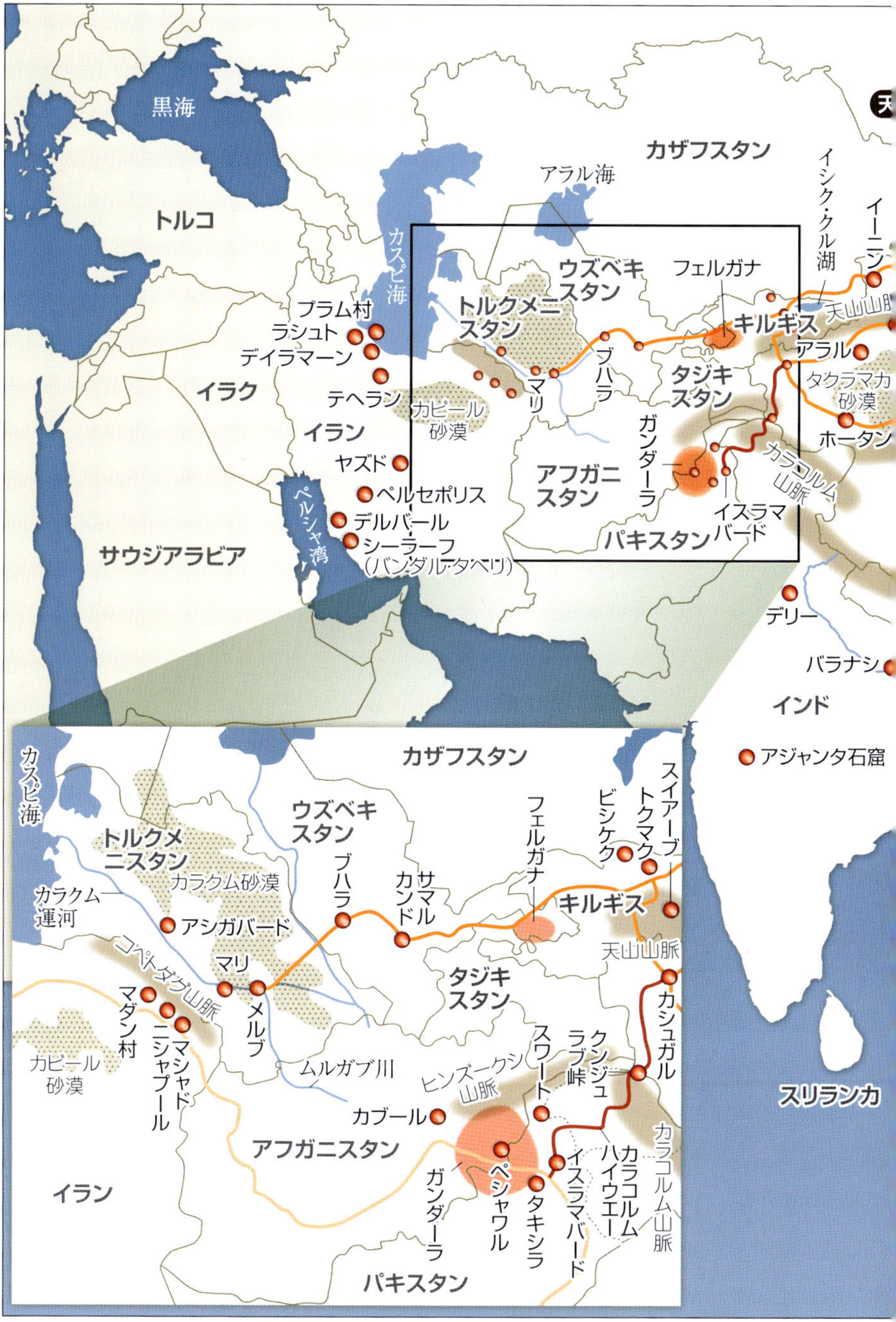
黒海
カザフスタン
アラル海
イシク・クル湖
トルコ
カスピ海
ウズベキスタン
フェルガナ
トルクメニスタン
キルギス
プラム村
ラシュト
デイラマーン
アラル
タジキスタン
イラク
テヘラン
カビール砂漠
マリ
ブハラ
イラン
ガンダーラ
ホータン
ヤズド
アフガニスタン
カラコルム山脈
ペルセポリス
イスラマバード
デルバール
パキスタン
シーラーフ
(バンダルタベリ)
サウジアラビア
ペルシャ湾
デリー
バラナシ
インド
アジャンタ石窟
スリランカ
カスピ海
カザフスタン
ウズベキスタン
トルクメニスタン
カラクム砂漠
カラクム運河
アシガバード
ブハラ
サマルカンド
フェルガナ
ビシケク
トクマク
スイアーブ
キルギス
天山山脈
コペトダグ山脈
マリ
メルブ
マダン村
マシャド
ニシャプール
タジキスタン
カシュガル
カビール砂漠
ムルガブ川
ヒンズークシ山脈
スワート
クンジュラブ峠
カブール
アフガニスタン
ペシャワル
ガンダーラ
タキシラ
イスラマバード
カラコルムハイウエー
カラコルム山脈
イラン
パキスタン

碁を打つ貴族の女性絹絵（新疆ウイグル自治区博物館所蔵）

漆胡瓶（正倉院宝物）

螺鈿槽箜篌（宮内庁正倉院事務所所蔵）

黄銅合子（正倉院宝物）

紫檀金鈿柄香炉（正倉院宝物）

黄銅柄香炉（正倉院宝物）

七条刺納樹皮色袈裟（正倉院宝物）

花氈（正倉院宝物）

新たな高層ビルを背景に民族舞踊を披露する女性たち（中国，ウルムチ）

絹を織る女性（中国，ホータン）

山々に閉ざされた昔のままのシルクロード（パキスタン，フンザ）

求法僧や隊商らが彫ったと伝わる岩絵（パキスタン，シャティアール）

ガンダーラ末期の磨崖仏（パキスタン，スワート）

仏伝図のレリーフ，右下は釈迦の母マーヤー夫人（パキスタン，スワート考古学博物館）

頭部を削られた仏像（パキスタン，スワート）

独特の節回しで語るマナスチ（キルギス，ビシケク）

青いモザイクに彩られるシャーヒ・ジンダ廟（ウズベキスタン，サマルカンド）

夕日に染まるスルタン・サンジャル廟（トルクメニスタン，メルブ）

綿花の取り入れ作業（トルクメニスタン，アハウ）

はじめに

夢の国　燃ゆべきものの燃えぬ国　木の校倉のとはに立つ国

正倉院を詠んだ森鷗外の絶唱です。晩年、帝室博物館総長として幾度か奈良に赴き、正倉の開封に立ち会っています。奈良時代から遥かな時を超え、数々の宝物を守り伝えてきた校倉造り、高床式の宝庫を通して、この国と日本人の美質を見たのでしょう。

鷗外のごとく、〈夢の国〉とまでは感じなくても、学校で教わって古代へと思いをはせた方は少なくないでしょう。屈指の名品とされる「螺鈿紫檀五絃琵琶《らでんしたんのごげんびわ》」も、「黄熟香《おうじゅくこう》」（蘭奢待《らんじゃたい》）という天下人が好んだ香木も、名声は広く聞こえていますが、秋深い古都を旅し、実物を目にした人なら、どうでしょうか。知名度に比べ、そう多いとは言えないかもしれません。

なにしろ、保存されている宝物の数は九〇〇〇近くありますが、正倉院展は年に一度、秋にしか開かれません。近年の来場者は毎年、おおむね二〇万人台です。加えて、「十年ルール」とも言うべき経年劣化の防止策があって、出展された宝物は、少なくとも向こう十年間、再公開されません。目当ての名宝があったとしても、なかなか出会えないのです。

少々、無理をしても、訪ねてみてはどうですか。周囲に毎秋、そう勧めています。実のところ、私はまったくの門外漢なのですが、宝物と向き合ってこそ、この国の美の系譜を感じ取れるのではないかと思うからです。たとえば、螺鈿紫檀五絃琵琶はそれほどに美しく、人々を魅了します。貝殻をちりばめた螺鈿細工が紫檀に映え、ラクダに乗って琵琶をつまびく人物の意匠も異国情趣を帯びて華やかです。起源とされるインドから中央アジア、中国への伝来過程で洗練された装飾技法に感嘆し、砂漠で奏でられた音曲を想像せずにはいられません。

もちろん、五絃琵琶だけではなく、宝物はいずれも一流の美術品です。放たれる天平文化の煌《きら》めきを知るにつれて、あの〈燃ゆべきものの燃えぬ〉正倉の奇跡を、そして、戦前とは違って鑑賞の機会が等しく開かれている幸福を、誰かと分け合いたくなるのでしょう。

二〇〇五年秋、読売新聞大阪本社が「シルクロード行」という紀行連載を企画したのも、その煌めきに導かれたからにほかなりません。奈良国立博物館が主催する正倉院展への協力が決まったのを契機として、その魅力を全国に発信したいと考えました。五絃琵琶のごとく、大陸から伝わった宝物が多く残り、正倉院は「シルクロードの終着駅」とも呼ばれています。どんな道のりを運ばれてきたのか、意匠や形状の源流はどこにあるのだろうかと、悠久のロマンを探し求めて、絹の道への旅を始めたのです。

かつて騎馬民族が駆け抜けた草原を渡り、岩肌が崩れ落ちる山岳地帯を越え、どこまでも果てしない砂漠を横切って、取材の旅は二〇一一年の秋までに七度に及びました。合わせて一一カ国を訪ねたのは数えて五人、いずれも社会部（当時）の記者たちです。ふだんは事件や行政の取材に追われることが多く、東西の文明、民族、宗教が交差し、新しく文化が生まれもしたシルクロードへの造詣が深いとは言えません。歴史書、美術書をひもときつつ、現地をとことん歩き、古き伝承にもじっくり耳を傾けながら、宝物の痕跡を見つけ出して、描く。そう心がけました。

旅への同行をお願いした奈良国立博物館の方々の助言もあって、結実したのが、二九回を数えた「シルクロード行」と続編六回の連載であり、それらをもとにした本書です。パキスタンから中国への道で仏教文化の形成と変容を知り、東西交易を担ったソグド人の興亡を中央アジア諸国に見て、イランで古代ペルシャの薫り漂う美術工芸に触れました。新疆ウイグル自治区とインドの石窟で五絃琵琶の壁画に出会い、蘭奢待の原産地とおぼしきベトナムへと伝説の香りを探しに出かけてもいます。記者たちの高揚感が伝わるでしょうか。

正倉院宝物がきた道をたどり、その歴史を確かめつつ、守り抜かれた美を味わう。本書が、その足がかりになるなら、社会部在籍時、連載にかかわったデスクの一人として、これ以上の喜びはありません。それこそ、〈木の校倉のとはに立つ国〉に生きる僥倖《ぎょうこう》なのでしょう。

二〇一二年五月

読売新聞大阪本社文化・生活部長
上田恭規

シルクロード紀行——正倉院へとつづく道

目次

第3章 騎馬民族の興亡を映す文様——スイアーブ〜メルブ／二〇〇七年……51

第4章 宝飾に見るペルシャの興亡——ニシャプール〜シーラーフ／二〇〇八年……71

第1章　世界の宝が運ばれた十字路

——ホータン～西安／二〇〇五年

人，動物，乗り物が行きかうバザール（中国，カシュガル）

興亡する文明と民族を、遥《はる》かな距離と歳月を超えて、人、物、思想が行き交ったシルクロード。文化や技術は融合し、新しく生まれもした。その終着駅とも言われる、奈良・正倉院。宝物がきた道をたどり、二〇〇五年夏から秋のシルクロードを行った。

砂漠道路の工事

1　絹の町、将来託す道――ホータン

一面の灰褐色に日差しが濃淡をつけて、砂の稜線《りょうせん》が果てしなく波打っている。タクラマカン砂漠。広さはほぼ日本の全面積に匹敵する。「生きて還《かえ》らず」の意味の通り、かつてラクダに荷を乗せた幾多の隊商が、砂の波間に消えて帰らなかった。砂漠の南、中国・新疆《しんきょう》ウイグル自治区の町、ホータンにいる。立ちのぼる陽炎《かげろう》で稜線の輪郭が崩れ始めた。

突然、背後で、ボンと音がした。黒煙を一つ吐いてブルドーザーが動き出した。八月の終わり、砂漠のとっかかりで、一本の道の建設が始まっていた。

中国の絹が西へ、西方のガラスや金貨が東へと交錯したシルクロード。最も利用された「オアシスの道」は、天山山脈の南北をたどる「天山南路」「天山北路」と、タクラマカン砂漠の南を走る「西域南道」の三つに分かれる。

ホータンは西域南道の要衝、仏教王国として名を残す「于闐《ウテン》」の故都。古来、崑《こん》崙《ろん》山脈の雪解け水が運ぶ美しい石「ホータン玉《ぎょく》」が知られ、今も河原で玉を探して掘っている人を見る。

その町に、一つの伝説があった。

「蚕種西漸《さんしゅせいぜん》伝説」

金と同じ重さで交換されたほど、世界が欲した絹。中国はその技術を秘した。それをわが手にしたかったホータン王は、嫁いでくる漢の王女に言った。「ホータンに絹はない。絹を着たいなら自分で作るしかない」。王女は冠に蚕と桑の実を隠して輿《こし》入れし、養蚕技術を伝えた、という。

絹織物が、現在もホータンで盛んだ。日干しレンガの質素な工房で、少女と老いた男たちが並んで機織り機に向かっていた。すべて手作業。工房で働くウェニシャーさん（23歳）が「機械ではこの風合いは出せない。これが本物の絹です」と誇らしげに、仕上がったばかりの絹を手に滑らせた。

赤や黄、青。目の覚めるような色づかい。年間二〇〇日以上も砂塵《さじん》が舞うこの町は、通りのポプラ並木も家々の窓ガラスも、何もかもが砂色にくすんでいる。だからこそ人々は、身にまとう絹に鮮やかな原色を求めた。ほとんど確信するようにそう思った。

ホータンから東へ五二〇〇キロ。奈良・正倉院に「犀連珠円文錦残片《さいれんじゅえんもんにしきざんぺん》」という錦が残っている。連珠の円模様の中に力強く、緻密《ちみつ》に織り出されたサイの姿は、ササン朝ペルシャから唐の長安へと伝わった代表的な意匠だ。このホータンを通って

犀連珠円文（図案）

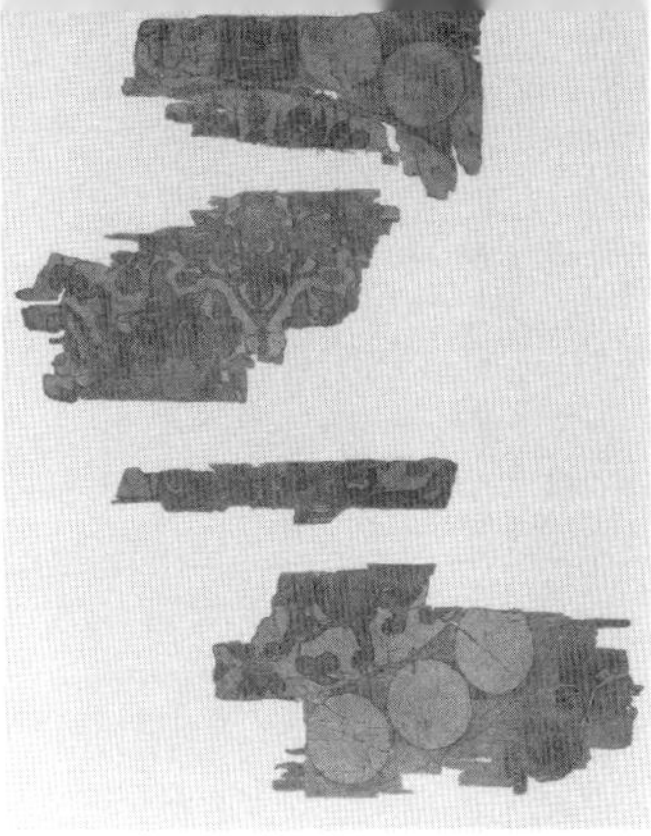
犀連珠円文錦残片（正倉院宝物）

いったはずだ。

今では二〇センチほどの切れ端でしか残っていなくても、シルクロードが作り出し伝来したその錦は、後世、世界に称賛されることになる日本の絹織物の原点なのである。

建設が始まった道路は、ホータンから砂漠を縦断して北のアラルを結ぶ四三〇キロ。八億元（一一二億円）が投じられる。本当に可能なのか、二年後の完成をめざすという。

ホータンは今や、西域南道の砂漠化の進行で辺境の町となりかかっている。建設を担当する孫守有さん（35歳）は「絹や玉や農作物。町の産物と、砂漠から出る原油を運ぶ。この道にホータンの将来がかかっているんです」と力を込めた。そして、こう付け加えた。「私たちにとって、現代のシルクロードなんです」。

2　民族交差、喧騒満ちる――カシュガル

羊肉を荷台につり下げたトラックが、クラクションを鳴らし続けて雑踏の中に突っ込んでいく。山のようにスイカを積み上げたロバ車の少年も「どいて、どい

て」と声を張り上げ人波をかきわけていく。

日曜の朝。町は喧騒《けんそう》に満ち満ちていた。

中国最西端の町、新疆ウイグル自治区カシュガル。後漢の歴史家・班固が『漢書・西域伝』の中で、唯一「市列あり」と、そのにぎわいを記した市場は、健在だ。

「今では多い日は一〇万人を超えますね」。カシュガル最大のバザール「中西亜国際貿易市場」の楮学軍社長（48歳）が、笑みをみせた。

五〇〇〇を超える店、九〇〇〇種に及ぶ品数。客引きの声、さっきから店主と客が延々とやっている値段交渉、屋台から漂ってくる羊肉のくし焼き「カワップ」の香ばしいにおい……。この町の発散するエネルギーは、班固が記したころから二〇〇〇年間、変わりなかったに違いない。

たった一時期は別だった。


西安から西へ発したシルクロードの「天山南路」と「西域南道」は、カシュガルで合流する。さらに西へ行けば〃世界の屋根〃パミール高原を越えて中央アジア、そしてヨーロッパへ、南へ向かえばインドへと至る。

西から来ればその逆に、道は集まり、分岐する。

「民族の十字路」。カシュガルはそう称される。東西の宝物を積み、往来した旅人

中国最大のモスク，エイティガール寺院

たちがこのオアシスで渇きを潤し、再び旅立った。今も街行く人の顔貌《がんぼう》は西洋人のように彫りが深く、肌や目の色もさまざまだ。町の中心にある中国最大のモスクからはコーランの朗誦《ろうしょう》が聞こえてくる。

民族や文化や宗教が交差し交ざり合ってきたのがシルクロードであるとするなら、それが凝縮された町と言ってもいい。

そのカシュガルへの道が、閉ざされた。

一九六〇年代から七〇年代にかけて中国で起きた文化大革命という名の激烈な権力闘争は暴力をもって社会を粛清し辺境の町の交易さえ遮断した。バザールもほぼ失われた。

「あのころは売る物も、買う物もなかったんだ」。通りに金の工芸品を並べた老商店主は、それが何よりつらかったことのように思い返す。

暗い嵐が過ぎ去り、バザールが自然発生的に再開されたのは八〇年代に入ってから。改革開放という一転した対外政策は、パキスタン、アフガニスタンなど、一つの地方が五カ国と接する世界でもまれであるだろうカシュガルの地位を徐々に押し上げてきた。

その変化を、膨張する現代中国経済が加速させている。

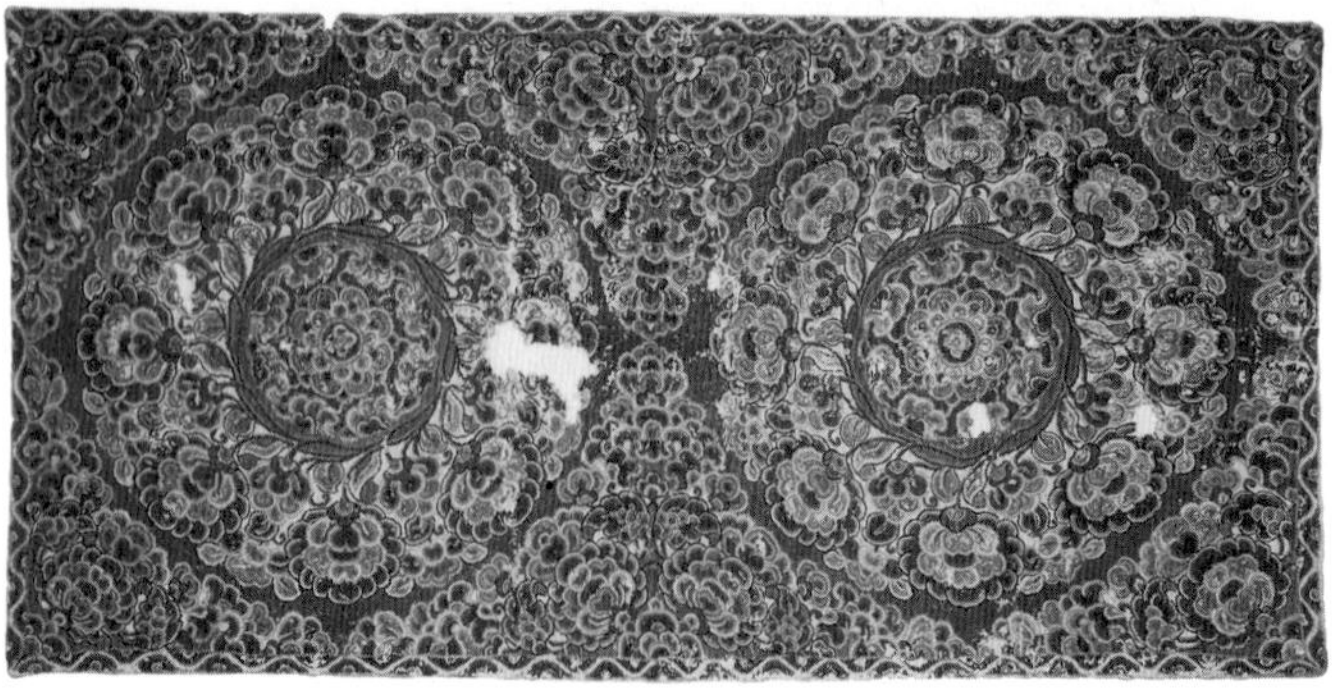
花氈（正倉院宝物）

「今年はもう二回、パキスタンに買い付けに行った。これからは国境を超えた商売が重要だ。もっといろんな国へ仕入れに行くよ」。民族工芸品を扱うエジスタヒルさん（59歳）は、得意げだった。

六年前、省都ウルムチなどとも鉄道でつながり、昨年にはカシュガル空港に国際線が就航した。「近い将来、カシュガルは国際貿易都市になる」。バザールの楮社長は話す。ちょうど遠い過去、そうであったように。

シルクロード商人の末裔《まつえい》たちの血は騒ぐ。

3　草原に生きるフェルト――イーニン

奈良・正倉院に、フェルト（毛氈《もうせん》）が残されている。

フェルトとは、羊などの獣毛を熱と水分を加えて圧縮した布で、なかでも正倉院のそれは染色した毛で花紋や鳥をちりばめた華麗な敷物だ。特別に「花氈《かせん》」という。唐で流行した紋様があることから、中国や新羅で作られたとみられてきた。しかし近年、宮内庁正倉院事務所の調査で材料が中央アジアなどのヤギの毛であることが判明した。毛の間から、中央アジアの植物の種子も見つかった。

原産は中国・新疆の草原地帯だ、とみる研究者もいる。

天山山脈を背にするセリム湖

曲がりくねった峠道が続く。羊たちの群れが次々と現れては車の行く手を横切る。放牧の時間なのだろう。辛抱強くやり過ごし、やっと峠を越えると、眼下に空を映し出したような、紺碧《こんぺき》の水面が広がった。

新疆ウイグル自治区イーニンの北方、セリム湖。湖畔に遊牧民の白いテントが散らばり、羊たちがてんでに草を食《は》んでいる。標高二〇七三メートル。「屋根の上の湖」と形容される湖には数百年、数千年変わらぬような、ゆったりとした時が流れていた。

「もうすぐ引っ越しだけど」と、カザフ族のドゥケンさん（49歳）が迎えてくれた。一家五人と羊一五〇頭、牛一六頭、馬二〇頭が毎年六月中旬から夏の三カ月間をこの湖畔で暮らす。住まいは「キーグズイ」というテント。数十本の木の骨組みをフェルトで覆い、中は一〇畳ほどの広さに目立つ家財道具はないが、壁や床は赤や紫のフェルトで彩られている。遊牧民の生活は何から何までフェルトなのだ。

「毎年春に羊の毛を刈って作ってるんです」と、奥さんのグルカスンさん（42歳）。そもそも遊牧民が作り出したとされるフェルトは、今も草原の営みに生き続けていた。

ここにいると、花氈が作られたのもそんなに前のことではないように思われてくる。「作り方は同じだ。祖先が作ったのかも」と、ドゥケンさんはうれしそうだった。

記念写真の撮影に向うカップル

天山北路は、かつて騎馬民族が駆け抜けた「草原の道」だ。タクラマカン砂漠周縁とは一変した緑が広がる。

それは標高四〇〇〇メートル級の山々が日本列島よりも長く二五〇〇キロにわたって連なる天山山脈の恵みだ。山は雨を降らせ、山中から大河・イリ川は発し、遠くカザフスタンへと至る広大な流域に肥沃《ひよく》な大地をもたらした。その豊饒《ほうじょう》さは突厥《とっけつ》などという、いっときの夢のような大遊牧帝国さえ生んだ。

イーニンに戻ると、イリ川下流の空が夕焼けに染まっていた。川に架かる町で唯一の橋から、人々がじっとその光景を眺めている。

そこへ、明るい矢絣《やがすり》模様の民族衣装を着たカップルが仲間を引き連れ、にぎやかに橋のたもとの河原に集まってきた。三組、四組。結婚式を挙げたばかりの二人が、川を背に記念写真に納まっていく風習があるのだという。

「イリ川は、豊かさの象徴だから」。新郎の一人、農業のトルファンジャンさん（26歳）が理由を教えてくれた。乗ってきた車のボンネットが花でハートの形に飾られていた。

「とっても幸せ」。寄り添った花嫁のアナルグリさん（19歳）がとびきりの笑顔を見せた。その笑顔も、この大いなる流れがもたらした恵みの一つに違いなかった。

4　摩天楼そびえる〝辺境〟——ウルムチ

予備知識を仕入れてはいったが、実際に来てみると、やはり、あ然とする光景だった。ここもかつてのシルクロードなのだろうか。摩天楼の向こう、東の彼方《かなた》に望む天山山脈第二の高峰・ボゴダ峰（五四四五メートル）だけが、わずかにそのイメージを繋《つな》ぎ止めた。

中国新疆ウイグル自治区の区都ウルムチ。現代シルクロードの玄関口は、人口二〇八万を数える大都市だった。数十階建てのオフィスビルやホテルが高さを競い、外資系スーパーやインターネットカフェも当たり前のようにある。

「これがおすすめ。内蔵カメラは一三〇万画素ですよ」。若い女性店員がまるで日本と同じに説明してくれる。ウルムチ一の繁華街・中山路にある携帯電話ショップ。一〇〇種類以上が並ぶ。値段は五〇〇元（一元＝約一四円）から三〇〇〇元ほど。

「今では子どもまで持ち始めていますよ」と、案内役の自治区政府外事弁公室の盛秀萍さん（34歳）が言う。

古来、遊牧民の牧草地だった天山北路のウルムチは一八世紀、清朝によって拓《ひら》か

辰野名品広場

れ、一九世紀末には新疆の中心になったが、街がこの変貌《へんぼう》を遂げたのは、中国が市場経済へはっきりと舵《かじ》を切ったほんのここ十数年のことだという。

一九九〇年代。新疆で石油や天然ガスの本格的な採掘が始まった。辺境の地は一躍、重要拠点となった。国家プロジェクトとして「西部大開発」が打ち出され、人口は毎年一〇万人、経済成長率は一〇%ペースで伸び、「二一世紀は新疆の時代」。今やそんな言葉が街中にあふれかえる。

「七年で、年間売り上げは五倍になりました」と、地下街「辰野名品広場」の李輝江・総経理（39歳）が胸を張る。

一九九八年に中心部にオープンした地下街は、大阪市の中堅商社・辰野が地元資本と合弁で建設したファッション街。洋服、靴、アクセサリーなど三〇店舗以上の専門店が並ぶ。

成功の理由は、こまやかな日本式の接客と、上海など沿岸部の流行をいち早く取り入れる品ぞろえという。

ちょうど秋のバーゲンセール中。派手に張り出された値札に足をとめ、真剣なまなざしで目当ての商品を探す若い女性の姿は、日本と何も変わらない。「商品があれば売れるという〝辺境の時代〟は終わり。すでにサービス競争の時代ですよ」と、李総経理は言う。

来年には売り場は今の三倍に拡張される予定だ。

街を一望する紅山公園に登った。山と原野に囲まれた街がさらに広がろうとしているのがよくわかる。

夕方、公園の一角で、鮮やかな赤い民族衣装をまとった女性たちの伝統舞踊が始まった。踊り手は公園の職員。観光向けと市民の娯楽を兼ねて毎夕、行われているという。

と、見る間にウイグル族の男性が舞台に上がり、踊りの輪に加わった。ほかの見物客も次々と上がる。誰もが陽気に思い思いの振り付けで交じりあっていく。踊り好きのウイグル族の伝統だ。

時代や国がどれだけ変わろうと、変わらず生き続けるものが土地や民族にはある。国家や文明の興亡をみてきたシルクロード。今は経済発展という波が押し寄せているが、これも歴史の一シーンにすぎないのであろうか。

摩天楼を背景に、踊りはいつまでも続いた。

5　灼熱と凪のオアシス――トルファン

草木は、見あたらない。むき出しの赤い山肌が、炎の壁のように立ちはだかっている。日差しも凪も、すべてが熱い。

中国新疆ウイグル自治区・トルファンの火焔山《かえんざん》は、その名の通りの異形な姿だ。トルファンの気温は、最高四九度に達したという記録がある。過酷な環境にもかかわらず、この地は天山南路と北路が交わるゆえにシルクロードの要衝だった。幾多の国々が覇権を争い、興亡した。

火焔山の南麓《なんろく》、高昌《こうしょう》故城は五〜七世紀を支配した高昌国の城跡。インドへの求法《ぐほう》の旅の途上、玄奘《げんじょう》三蔵が説法をしたという寺院跡の仏像もことごとく破壊され、栄華を偲《しの》ばせるのは、廃墟《はいきょ》の広漠さだけだ。

この城の人々が葬られたのがアスターナ古墓群だ。壁画や文書、副葬品……。まるで砂漠の正倉院だとでもいうかのように、そこには人々の暮らしを蘇《よみがえ》らせる品々が残っていた。トルファンの極度の乾燥が幸いした。

正倉院の、聖武天皇遺愛の碁盤「木画紫檀棊局《もくがしたんのききょく》」。中国から伝来したという碁

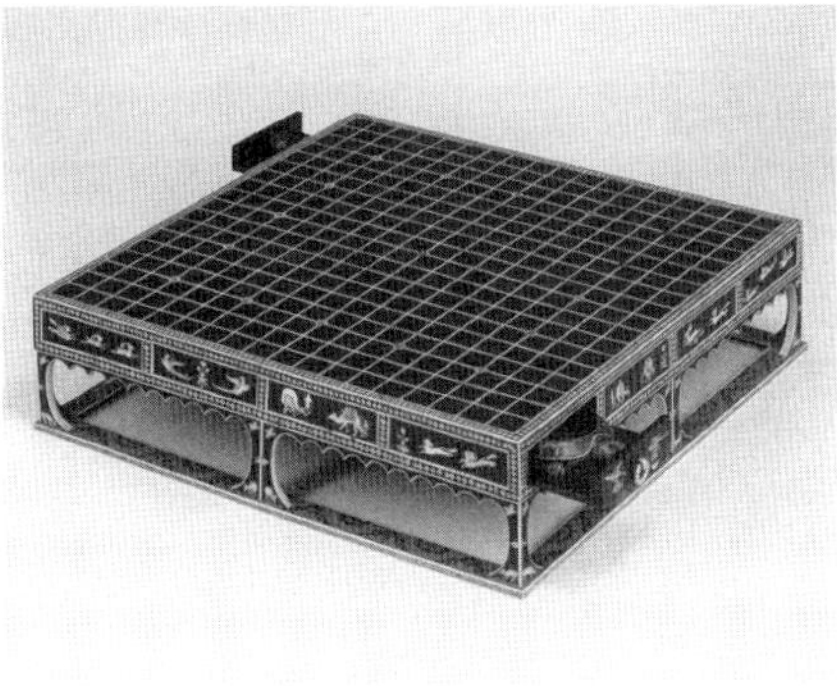

木画紫檀棊局（正倉院宝物）

盤には精巧な細工で、荷を積んだラクダや、それを引く商人など西域色あふれる文様が浮かぶ。天皇もこの豪華な碁盤で囲碁を楽しんだことだろう。

アスターナでも、同形の碁盤が発見された。碁を打つ貴族の女性を描いた絹絵も（口絵参照）。高昌故城で、人々は同じように囲碁に興じていたのだ。

中国で発祥した囲碁が東西へ。それらの遺物は、はるか奈良の都とトルファンをくっきりとつないでみせた。

「第14回中国絲綢之路《シルクロード》吐魯番《トルファン》葡萄《ブドウ》祭」の真っ最中だった。街の中心の広場の特設ステージでは新疆各地の民族舞踊が披露され、祭りに合わせたトルファンへの投資商談会も活発に開かれていた。

トルファンは中国一のブドウの産地。これも二〇〇〇年以上前、中央アジアから伝わったシルクロードの産物だ。

収穫期を迎え、葡萄農家のカハルさん（37歳）の畑では、総出の五人家族と一〇人の臨時雇いがブドウ棚の下に座り込み、みずみずしい薄緑色の房を摘み取っていた。カハルさんが一掴《つか》みをよこしてくれた。暑さで疲労した体に濃厚な甘さがしみた。

「トルファンのブドウがどこよりも甘くておいしいのはこの暑さと風のおかげ。同じ木を別の土地に植えても絶対に同じ味にはならない」

ブドウもまた、この過酷な自然の賜《たまもの》なのだ。

一面のブドウ畑は、灼熱《しゃくねつ》の乾いた地にいることをしばし忘れさせた。しかし、その豊かな光景から見えないところに、この地に生きる人の知恵と労苦が隠れていた。

「カレーズ」という地下水路。

天山山脈の雪解け水は、オアシスに届くまでに荒れた砂礫《されき》の大地で涸《か》れ果ててしまう。そうさせないために、二〇〇〇年も前から、山の水源から数キロにもわたり暗渠《あんきょ》でつなぎ、水を導いているのだ。

街のあちこちで、気になって、暗がりに首を突っ込んでは、水汲《く》み場に下りてみては、その流れを見た。カレーズの総延長は五〇〇〇キロという。気の遠くなるような労力がつぎ込まれてきた。

トルファンというオアシスは、過酷な自然に抗する人間の営為の賜だった。

6　蘇るあこがれの都——西安

いにしえの長安。一三の王朝、二〇〇〇年以上にわたる悠久の都。もとより、唐の都。シルクロードの旅の最後の目的地、陝西省・西安へは二〇〇五年、もちろん、飛行機で滑り降りた。ターミナルビルが羽を大きく広げたような西安咸陽国際空港は、なおも拡充工事が進んでいた。

広大な池のほとりに柱の朱の鮮やかな楼閣が並び、大屋根に鴟尾《しび》を飾った宮殿も見える。広場では鳴り物入りの獅子舞が舞われ、ラクダの引く乗り物が行き交っている。

ほとんど唯一残る唐の時代の建造物として名高い大雁塔《だいがんとう》に隣接して今年四月、オープンした「大唐芙蓉《ふよう》園」。長安の街を再現した〈テーマパーク〉だ。年に一度だけ民衆に開放されたという皇帝の庭園に名前をとっている。

明代に完成した西安の鐘楼

西安市などが一三億元（一八二億円）を投じた、東京ディズニーランドより一回り広い六七万平方メートルの園内。楼閣はホテルや飲食店、宮殿は遺物や史料の博物館でもある。夜には池の噴水が最新鋭のウオータースクリーンとなり、光と映像のショーが楽しめる。

「唐代は中国人もあこがれる中国文化の最盛期。その都が体験できる新名所です。早くも一日一万人以上が訪れています」と、同園広報の孫文晶さん（23歳）が胸を張った。

「遺跡や文物を見るだけの観光はもう古い。歴史を今に蘇《よみがえ》らせることで、現代を一緒に発展させたい」。陝西省旅游局の趙正寧・政策法規所長が、大唐芙蓉園のねらいを説明した。

中国は今、空前の旅行ブームに沸く。

昨年、中国の国内旅行者は延べ一一億人を超え、一〇年前に比べ倍増した。その勢いはとどまるところを知らない。ちょうど西安では、全国各省から旅游局長や国営旅行会社の代表が集まった大会が開催中で、今後の観光振興五カ年計画が討議されていた。

秦・始皇帝の兵馬俑《へいばよう》をはじめ、豊富な観光資源に恵まれた陝西省への観光客は毎年一〇％以上伸び、観光収入も域内総生産（GDP）の七・五％にまで拡大してきた。

大雁塔

「地下の物は上げ、静かな物は動かす」。同省の観光政策のキャッチフレーズ。遺跡は発掘して展示可能にし、歴史上の建築物や文化は整備やイベントを通して活気づかせるという意味だ。
その通り、大唐芙蓉園はすでに二期工事が決まり、明や清代の建築物を復元する計画もある。近い将来、歴代皇帝陵の発掘にもとりかかる。
「政治は北京、経済は上海。そして西安は、歴史の中心。それを生かして、かつての栄華を取り戻したい」と、趙所長。過去と現代を交錯させながら、西安は新たな姿を見せ始めている。

街を一望する、七層の大雁塔に上った。

シルクロードの方、西を見はるかす。インドから生還した玄奘三蔵は、ここに立って苦難の旅を思い出していたのだ。今も真っすぐに一本の道が延びていた。道は両側のビルの間に段々と細くなり、朝霞《あさがすみ》に溶け込んでいった。

東へ回る。大唐芙蓉園や建設中の高層住宅群の彼方《かなた》、遥《はる》か奈良は、この方角だ。見下ろす街なかに、胸躍らせて歩く日本の遣唐使たちを見た気がした。

7　世界の香り運んだ宝物——西安〜正倉院

二〇〇五年五月、中国陝西省・西安の郊外で、一つの墓が見つかった。六世紀のものと判明した墓の主《あるじ》の名は、墓誌で知れた。安伽《あんか》。漢民族ではない。中央アジアを拠点に、シルクロードの東西貿易を独占した〝交易の民〟、ソグド人だった。

安伽は、その代表者の一人だったらしい。ソグド人の墓の発見も稀《まれ》だったが、そこからの出土品が注目された。

それらを、陝西省考古研究所の地下保管庫で見ることができた。ベッドのような石の台座に金箔《きんぱく》や赤の顔料で彩られた何枚ものレリーフ。そこに当時のソグド人の暮らしぶりが浮かび上がっていた。

西安にあった中国風の家で妻と暮らし、草原の遊牧民のテントで王族のもてなしを受け、中央アジアのブドウ園での饗宴《きょうえん》には楽団が入り、西域の踊りが舞われている。まさにユーラシア大陸をまたにかけたシルクロード商人の生き生きとした姿だった。レリーフに描かれた楽器は正倉院の「螺鈿紫檀琵琶《らでんしたんのびわ》」やハープに似た「箜篌《くご》」と同じだ。「漆胡瓶《しっこへい》」のようなペルシャの水差しも見える（口絵参照）。

正倉院宝物も、そんなふうに運ばれてきたのだ。

海外からの観光客は年間八〇万人に達し、中央政府が進める「西部大開発」の拠点でもある西安。南郊に広がるハイテク開発区には日本を含む三〇を超える国や地域から約七〇〇の企業が進出し、国際都市としても急成長している。

しかし、それでさえ、かつての殷賑《いんしん》には、比ぶべくもないと言えるだろう。

唐の都、長安。一〇〇万人と言われた人口のうち数万人が外国人という、当時、世界に冠たる国際都市だった。

「長安は、各国の人とモノと文化とが集まった世界の中心でした。その豊かな国際性が、当時も今も、人々を魅了するのでしょう」。陝西歴史博物館の成建正館長（50歳）は話す。

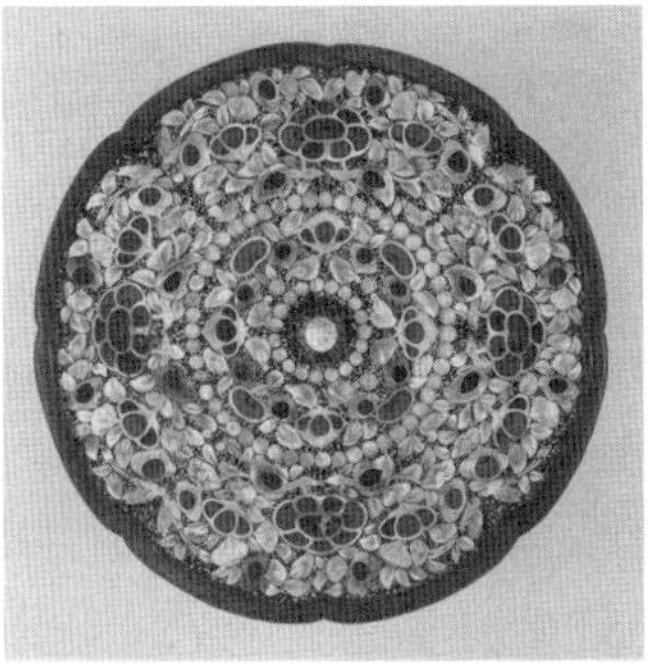

平螺鈿背八角鏡（正倉院宝物）

街には、多くの日本人もいた。ソグド人が長安へ文物をもたらしたのなら、日本へ運んだのは遣唐使たちだ。

中国の伝統と西方を融合させた唐の文化を、長安の街に満ちる世界の空気とともに余すところなく持ち帰り、それが日本文化の礎となった。

志半ばに倒れたものも多い。昨年秋、西安で墓誌が発見された井真成《せいしんせい》。墓誌は次の哀切な言葉で結ばれていた。

〈形既埋於異土　魂庶帰於故郷〉（肉体は異国の土に埋もれたが、魂は故郷へ帰らん）

広大な砂漠と草原、荒野を越えて今回、西からたどってきたシルクロードの、その東の果て、奈良・正倉院。

宝物の一つに「平螺鈿背八角鏡《へいらでんはいのはっかくきょう》」がある。

ミャンマーの琥珀《こはく》、イランのトルコ石、アフガニスタンのラピスラズリ、南海産の夜光貝。長安で作られたものであろう、世界の素材が使われている。それは、唐の繁栄と、比類ない美しさを日本に伝えようとした遣唐使たちの思いを語りかけてくる。

一二〇〇年以上もの間、正倉院が守ってきたものは、ただ煌《きら》びやかな、いにしえの宝物なのではない。世界と日本の、過去から現在へと続く壮大な人間の営みが発光しだす、生きている宝物だった。

コラム 1

道後温泉と華清池

幾たびか西安郊外の華清池温泉に案内されたことがある。

二〇〇五年八月二〇日。この日は西安市の小雁塔、阿倍仲麻呂記念碑、郊外に出て秦始皇陵などを見学の後、午後一時過ぎに華清池に立ち寄った。家族連れで大変ににぎわう著名な観光地であり、その上、いまでもいくらか入湯料を支払えば新しい施設で入浴できると聞いた。

華清池は、あまりにもよく知られているように唐の玄宗皇帝が楊貴妃のために築いた離宮の跡で、白居易の『長恨歌』にもうたわれている。今では「唐華清宮御湯遺趾博物館」も置かれていて、石材を美しく組み上げて造られた当時の浴場の遺跡を見ることもできる。

その華清池で小休止をしていたときにふと温泉の後背に広がる雄大な山容が気になり、その名は何と言うんだろうと思いつつ、北京から同行の李浩氏に聞いてみた。すると、「驪山《りさん》」であるという返事が返ってきた。

はじめてそれを知った私は、それまで注意していなかったことを恥じた。驪山は中国の古典詩にも詠み込まれた名山であり、温泉の代名詞でもあって、聖徳太子も知識として知るところがあった名所である。

聖徳太子の詠とされる『伊予湯岡碑文』というものがある。残念なことに碑そのものは遺《のこ》っていないが、『釈日本紀』に引かれる『伊予国風土記』によって全文が知られている。

法興六（推古天皇四＝五九六）年に、聖徳太子が恵慈らと今の道後温泉に逍遙したときの作とされるその碑文の一句には、「窺《うかが》いて山岳の巌崿《がんがく》を望み、反《さら》に平子の能く往きしことを冀《こいねが》う。椿樹相《あい》廕《おお》いて穹窿《まが》り、実に五百の蓋《きぬがさ》を張れるかと想う」（読みは東野治之氏による）とある。

小島憲之氏は、平子を後漢の張平子とされていて、聖徳太子の『伊予湯岡碑文』は、張平子の作である『温泉賦』（「余在遠行、顧望有懐、遂適驪山、観温泉、浴神井（下略）」）を踏まえたうえで詠われたとされている。その説に従いたいと思う。張平子の『温泉賦』は、この後世に華清池と呼ばれるようになった温泉を擁する驪山を舞台にしているのである。聖徳太子は、詩文を通じてこの驪山温泉を知っていたのであり、それを自らの温泉詠に引いたことになる。

なお付け加えると『湯岡碑文』の「椿樹」とは山中自生の藪椿のことで、この椿が群生し、温泉に覆い被さるごとくさかんな情景が想い浮かぶが、ここでの「穹窿」という珍しい用字も、張平子の『西京賦』に見られるという。

ところでこの日本の「椿」は、中国では早く海石榴（または海榴）とも書き表されたようだ。海を越えて長安に届いたザクロに似た実をつける花樹というほどの意味だろう。それが逆輸入されて「海石榴市」などの地名に遺るとされる。隋の煬帝（楊広）の『宴東堂詩』には、「海榴舒《つばき》き尽《ひら》きんと欲し、山桜開きて未だ飛ばず」と詠われている（読みは上原和氏による）。

海石榴と山桜が対句で詠われたこの詩は、春おそき頃に東方より届いた花樹をめでたものだとするのは解釈がすぎるのだろうか。華清池にて、聖徳太子の昔を想い、つたない想像をめぐらしてみたことであった。

（梶谷亮治）

赤茶けた大地に残る高昌故城（中国，トルファン）

第2章　仏の教えが伝えられし道

――ガンダーラ～洛陽／二〇〇六年

山脈に抱かれるまち（パキスタン，フンザ）

悠久の時を超え、人と物が行き交ったシルクロードは仏教東漸の道でもある。仏教に帰依し、鎮護国家を掲げた聖武天皇の没後一二五〇年。その道のりをたどり、仏教文化の足跡を探した。

1　仏像に結晶した祈り——ガンダーラ

朽ちてなお、形は失われていない。雑草に覆われて、仏教の来歴を映している。ストゥーパ。舎利という釈迦の遺骨を納めた仏塔だ。

直径五〇メートル、高さ一四メートル。半球状に土が盛られ、壁に石組みが残る。上部は崩れ、かつて設けられていただろう、傘蓋《さんがい》という装飾はすでにない。

パキスタン北部の古都タキシラ。沃野《よくや》が広がるインダス川東岸近くで仏教寺院遺跡ダルマラージカーを見た。世界遺産。訪れる観光客も多い。

ストゥーパを巡る伝承がある。二五〇〇年前、古代インドで仏教を生んだ釈迦の入滅後、遺骨を納めるため、塔を建てたのが始まり。紀元前三世紀、アショカ王が再び分骨し、八万四〇〇〇の仏塔を創建してから、信仰の拠点となって栄えたという。

その一つが、ダルマラージカー。後世に造営された祠堂《しどう》や僧院跡に加え、信徒が奉献した小塔も数多くあり、寺院形成の過程もうかがえる。

現地の考古学者、フィダルラー・セライさん（78歳）が教えてくれた。「ダルマラージカーが拠点となって仏教はガンダーラへ広がったのです」。

2～4世紀頃の仏像頭部

タキシラから西、北西辺境州の州都ペシャワル一帯を古代、ガンダーラと呼んだ。標高七〇〇〇メートル級の山々が連なるヒンズークシ山脈の東麓《とうろく》。西はカイバル峠を経てアフガニスタン、西方へと至り、北へカラコルム山脈を越えたら中国ともつながるシルクロードの十字路だ。

インド世界の門戸として東西の民族と文明が交差した地で、仏教は隆盛を極めた。二世紀、クシャン朝のカニシカ王の保護下で繁栄のシンボルも建立された。巨大ストゥーパだ。地上一二〇メートルとされるその最上部はやはり、傘蓋で飾られたと、史料にある。

今は跡形もない大塔を仰ぎながら、人々は日々、祈りをささげたのだろう。

この地は、アレクサンドロス大王の東征を始め、繰り返し侵攻に遭った。だからこそ救済の教えが浸透した。信仰が深まるにつれて、その拠《よ》り所を「形」に求める願いも高まったのではないか。

その結実が仏像だ。仏塔や菩提樹《ぼだいじゅ》に象徴して表されていた仏陀に人間の姿を与えた像はガンダーラで誕生した。一世紀ごろのことだという。

ペシャワル博物館に初期の仏像がある。素材は青黒の片岩。ギリシャ彫刻の神々に似て、どの顔も彫りが深い。ヘレニズムの技術が採り入れられているのだろう。

館長を務めたセライさんが言う。「異文化が融合して仏像彫刻が生まれ、仏教は世界へ飛翔《ひしょう》した。すべてシルクロードがもたらしたのです」

遠く日本へも伝わった。仏教文化の源流をくむかずかずの宝物が奈良・正倉院に残る。

聖武天皇が創建した東大寺で、法会に使われた「黄銅合子《おうどうのごうす》」もその一つ（口絵参照）。香を入れる球形の器だが、ストゥーパを模したアショカ王時代の舎利容器が原型とされる。蓋《ふた》を飾る五重の「相輪形鈕《ちゅう》」がまさに傘蓋、傘状に輪を重ねる装飾様式そのものなのだ。

遥《はる》かな道のりを経て用途は変わったが、宝物がガンダーラと日本をつないでいる。

ペシャワル旧市街。「吟遊詩人の市場」という名のキサ・カワニ・バザールは物があふれ、むせ返る人波だ。

青く輝く石があった。ラピスラズリ。古くからシルクロードで流通し、時に舎利の代わりにストゥーパに納められた宝石の一つだ。イスラム化して千年近く、遠ざかった仏教文化の残り香も漂う。

アザーンが響いた。礼拝の時を告げる朗唱。十字路に生きる人々を、今も祈りに包んで、街が暮れていく。

2　聖地に残る記憶——スワート

柿もリンゴもまだ熟れていない。稲穂が色づくのも、少し先だ。スワート川を挟んで農地が広がる渓谷は、実りの季節を待っていた。

かつてのガンダーラ、ペシャワルから北東へ一五〇キロを隔てたスワート。緑に彩られたこの山岳地帯も、パキスタン北西辺境州だ。仏教寺院の遺跡群が点在し、「ガンダーラの奥の院」と言われる。

「みな大乗仏教を学ぶ」

七世紀、インドへの途上で立ち寄った求法《ぐほう》僧玄奘は、その情景を『大唐西域記』に記録した。出家修行者だけでなく、衆生の救済を説いたのが大乗仏教。紀元前後に起こり、ガンダーラで栄え、渓谷を一大聖地に変えた。

寺院は一四〇〇を数えたとされるが、全容はわかっていない。寺院跡と知らないのだろう。崩れたストゥーパ（仏塔）の石積みに乗って、子どもたちが遊んでいる。

木立に囲まれて、ブトカラという寺院遺跡がある。紀元前三世紀に築造され、拡張が四度繰り返された大塔の基壇が形をとどめている。

香をたくナザルマーテを見せてくれた店主

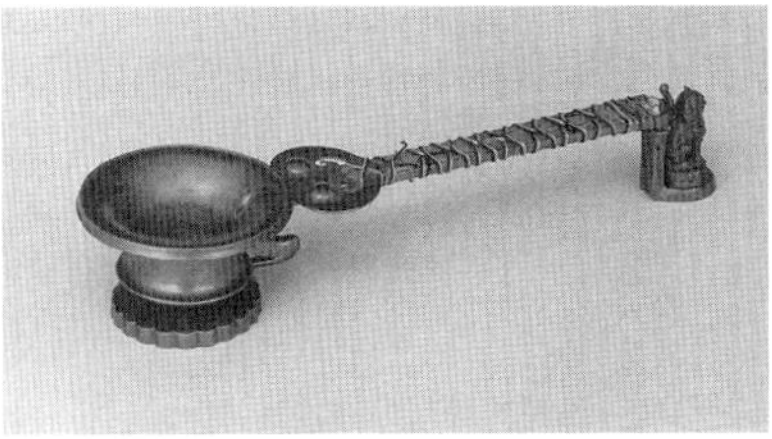

黄銅柄香炉（正倉院宝物）

一世紀ごろ、ガンダーラで誕生した仏像の、最初期の作は、大塔周辺で出土したレリーフという見方が有力だ。その一つが、合掌する神々を配した仏陀の座像。釈迦の生涯を描く仏伝図の一場面だ。

「スワートの人々に好まれた『梵天《ぼんてん》勧請《かんじょう》』です」。スワート考古学博物館のアブドゥル・ニサール館長（44歳）が教えてくれた。梵天の勧めで、釈迦が人々に法を説く決意を固めた瞬間なのだという。

薄緑の片岩に彫られたそのレリーフは今、イタリアなどに渡っている。ブトカラの大塔周辺に残る仏像は、盗掘か破壊か、頭部を削り取られたレリーフばかりだ。六世紀ごろ、遊牧民族エフタルの侵攻でガンダーラが滅びても、聖地は守られたが、一五世紀ごろついえた。仏像誕生の地が現在、日本とつながる水脈はないか。そう思って見せた写真の一枚にニサールさんが目を留めた。

「ナザルマーテの道具ではないですか」

写真は「黄銅《おうどうの》柄《え》香炉《ごうろ》」という奈良・正倉院の宝物。その名の通り、二七センチの柄がついた香炉だ。柄の端に唐で流行した獅子形の重しもあり、法会で焼香に使われた。

バザールにあると聞き、訪ねた工芸品店で、店主のイナヤット・ウラさん（38歳）が道具を見せてくれた。

金属製。やはり長い柄があり、宝物とよく似ている。開店前、これで香をたくのがナザルマーテ。家庭でも、結婚式に欠かせない。「商売繁盛とか、厄払いとかを願う、ずっと昔からの風習だよ」。

由来は不確かだが、ウラさんら、北西辺境州で暮らすパシュトゥーン族に伝わるという。国内人口の一割強。イスラム教徒だが、かつて仏教に帰依した民族の末裔《まつえい》である。

古くインドで仏教に取り入れられ、日本へも伝来した焼香。ナザルマーテは、イスラム国家に今も残る、仏教の遠い記憶なのかもしれない。

夕刻、スワート川から東のシャコーライ村に入り、果樹園が続く山を歩いた。五メートルはあるだろう。切り立つ岩壁の磨崖仏《まがいぶつ》が西日を受けている。製作はガンダーラが滅びたころ。ほほ笑むように見える顔立ちは柔らかく、インド美術の色彩が強い。

振り返ると、山裾《やますそ》に家々が張りつき、遠く水田に農作業の姿がある。広大なる渓谷に生きる人々の営みを、磨崖仏が見守っている。

3　求法の道、様変わり――カラコルム・ハイウエー

断崖《だんがい》を伝って、切り開かれた道が続く。所々で巨岩が突き出し、落石も絶えない。崖《がけ》下はインダス川。濁流が荒々しくうねっている。

標高一〇〇〇メートル余り。通る山脈にちなんで「カラコルム・ハイウエー」の名はあるが道幅は一〇メートルもない。トラックがすれ違うのがやっとだ。

八月の終わり。灼熱《しゃくねつ》の日差しの中で土煙を上げ、車が先を競って走っていく。

パキスタン・イスラマバードから、中国・新疆ウイグル自治区カシュガルへ。ハイウエーの総延長は約一三〇〇キロに及ぶ。なかでもカラコルム山脈一帯は難所が多い。

その大部分が、古代のシルクロードを拡幅して建設された。法顕、曇無竭《どんむかつ》……。法を求めてインドへ、仏典を携えて中国へと、多くの僧が命を賭《と》して越えた道と重なる。

北方地域チラス。沿道のインダス川の河原で、岩に数々の絵

カラコルム・ハイウエー

が白く刻まれていた。

ストゥーパ（仏塔）、仏伝図、菩薩《ぼさつ》。線刻画だ。漢字も古代インドの文字もある。シルクロードを行く人々が絵や名前を彫った。中には、紀元前の仏塔画もあるという。国境越えの不安か、無事に通り過ぎた安堵《あんど》か。岩肌に仏を刻む中国僧やインド僧の姿が浮かんでくる。

「人類の遺産。残したいのですが」。パキスタン政府考古局のムハンマド・ハッサンさん（40歳）がつぶやいた。

チラスの四〇キロ下流に、巨大ダムが建設される。河岸の岩絵約五万点のうち約三万二〇〇〇点が、七年後にも水底に沈むという。切り取って保存する計画だが、対象はごく一部にとどまる見通しだ。

ダムによる水力発電は山岳地帯の電力不足を補い、農業用水も供給できる。ハッサンさんは言う。「人々の暮らしも大切ですから」。

ハイウエーをさらに北へ二五〇キロ。山から谷へポプラと段々畑の緑が広がる。遠く峰々を覆う雪景も比類ない。フンザ。現代の「桃源郷」も変わりつつある。

「昔は片道三日かけて買い物に行ったよ」。一〇一歳のムバット・シャーさんが懐かしむ。崖を縫う幅一・五メートルの小道を歩き、一〇〇キロ南の町まで出かけたという。

今も残るその道も、シルクロードの一つ。中国から絹や綿、フンザからは岩塩が運び出されていた。交易は、一九七八年のハイウエー全線開通に伴って活発化していく。

人口六万の町に食料や日用品が流れ込む。ホテルや土産物店が立ち並び、世界中から観光客も集まる。半面、高収入の職を求めて、都市部へと向かう若者が増えた。「便利になったけど」と考え込むシャーさん。行く末を案じているように見えた。

標高四七三三メートル。国境のクンジュラブ峠は、小雪が舞っていた。法顕も曇無竭も、雪景色を見ただろう。

三九九年、長安を出発した法顕は、峠を含むパミール高原を一カ月がかりで越えた。海路での帰還は一三年後。同行者はすべて脱落していた。遅れて旅立った曇無竭もガンダーラまでに同行者の半数を失ったという。

今なら、イスラマバードまで車で三〇時間余り。電飾で飾り立てたトラックの運転手ムハンマド・グラムラバニさん（33歳）は、税関で中国製の衣類やおもちゃ、靴を積み込んで折り返す。「ひと月で六往復した。次はもっと稼ぐ」。

貿易量も年々増え、活況にわく現代のシルクロード。その陰で、求法《ぐほう》僧らの足跡は消えかけている。

4　天への渇望映す群青――クチャ

繁栄への祈りを込めて描かれたのだろう。石窟《せっくつ》を極彩色の壁画が埋めていた。

キジル千仏洞。中国・新疆ウイグル自治区クチャの北西にある寺院跡だ。三国時代から唐にかけての三～九世紀、岩壁を穿《うが》って造営され、二三六の石窟が今も残る。

足を踏み入れたのは、「第三八窟」。かすれた仏伝図が壁にある。五絃《ごげん》琵琶、横笛、手鼓と、楽器を奏でながら舞い踊る伎楽《ぎがく》天は鮮やかだ。天井を見上げたら、本生《ほんじょう》図。釈迦の前世の物語が目を奪う。

はがれた部分も多いが、描線は美しい。緑、白……。中でも、背景や衣に使われる群青が一際、光彩を放つ。

亀茲《きじ》石窟研究所の張燕さん（22歳）が言う。「この青がキジルの特徴です。ラピスラズリでしか出せない色です」。

装飾品だけでなく、顔料としても珍重されたラピスラズリは、現在のアフガニスタンが原産地。シルクロードを行き交った宝石だ。ガンダーラで寺院装飾にも使われ、仏教とのかかわりは深い。

金とも等価で交換できた貴重品を、この地では惜しげもなく壁画に使った。群青

舞踊を見せる女性

という色彩が特別の意味を持っていたのだろう。

タクラマカン砂漠の北縁にして、北に天山山脈を仰ぐクチャは、田舎町の風情だ。綿花やトウモロコシの畑が広がり、ロバが荷を引く。

かつてはシルクロードの一つ、天山南路で最大のオアシス。亀茲という仏教王国が栄え、石窟の多くを造った。ガンダーラで学び、大乗仏教を伝えた六朝時代の僧、鳩摩羅什《くまらじゅう》の生誕地でもある。

今、人口四〇万の八割以上をウイグル族が占める。イスラム教徒。亀茲国の民族との関係は不確かだが、この地で生まれた亀茲楽という舞楽が過去と現在をつなぐ。

「壁画から踊りを再現しているんです」。稽古《けいこ》場でズバグリさん（31歳）が話した。「亀茲歌舞団」のメンバー。消えかけた伝統の継承をと、亀茲楽を描いたとみられる伎楽天の壁画から楽舞の様式を採取し、上演を続ける。

隆盛期は唐代だったのだろう。長安の都で流行し、アジア各国へ広まって、古代の日本にも流れてきた。

七五二年、奈良・東大寺の大仏開眼会で、唐の楽舞も奉納されたとの記録がある。異国情緒漂う踊りに人々は魅了され、日本古来の舞楽も影響を受けたに違いない。

正倉院に証左がある。象牙《ぞうげ》製の「牙横笛《げのおうてき》」、そして世界で唯一の「螺鈿紫檀五絃《らでんしたんのごげん》

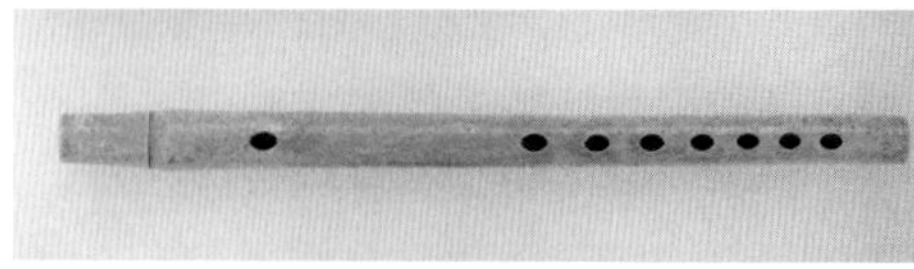

牙横笛（正倉院宝物）

琵琶《びわ》」。キジルの壁画にある楽器と同種の宝物が現存する。魅力ある音色が奏でられたことだろう。

歌舞団の楽舞を見た。民族衣装で時に激しく、時にしなやかに舞う。踊り子のルイラさん（22歳）がはにかんだ。「トップスターになって亀茲の文化を世界に広めたい」。

キジル千仏洞。石窟の回廊を巡り、後廊の壁に涅槃《ねはん》図を見て、入り口へ戻った。群青で彩られた弥勒菩薩《みろくぼさつ》が壁上に見える。釈迦入滅の五六億七〇〇〇万年後に現れ、衆生を救うとされる天上の未来仏。涅槃図と対置した壁画はインドには見られないという。

荒涼たる砂漠の中で仏教は変容し、弥勒信仰が高まったのだろう。天人に舞い踊らせた亀茲楽も、ラピスラズリの群青も、弥勒の住む天空への渇望からではなかったか。

この街は、舞楽を好む人々が目立つ。多くの家々で、門扉が青く塗られている。

5　一〇〇〇年の壁画、剝落危機——敦煌

陽炎《かげろう》が揺れて、地平線が溶ける。砂礫《されき》の大地はどこまでも果てしない。

中国甘粛省・敦煌。

中央アジアから分岐していたシルクロードはこの地で結節し、西安につながる河西回廊へと続く。かつての中華世界への玄関口。様々な文化が流れ込んで集積し、「砂漠の大画廊」が形成された。

莫高窟《ばっこうくつ》。砂丘が連なる鳴沙山《めいさざん》の崖《がけ》に、四世紀から一〇〇〇年の間に開削された七三五の石窟が並ぶ。仏教寺院跡。そこに描かれた壁画は計四万五〇〇〇平方メートルに及んでいる。

敦煌研究院の王旭東副院長（39歳）が説く。「莫高窟は単なる仏教芸術ではない。中国の歴史そのものです」。

現存最初期は、五世紀前半の窟。遊牧民族、匈奴《きょうど》が敦煌を支配下に置いて建国した北涼時代だ。両足を交差させた弥勒菩薩《みろくぼさつ》の像に西域の影響がのぞく。西魏（六世紀前半）の窟はインドと中国の神々が混然と描かれ、仏教と中国の伝統文化が溶け合う。

孔雀文刺繡幡（正倉院宝物）

初唐の絢爛《けんらん》たる浄土図があるのは、「第二二〇窟」。一九四八年、剝落《はくらく》した一〇世紀の壁画の下から蘇《よみがえ》った。経典の世界を華麗に描く唐風で、中国仏教の影響がにじむ。墨書が残る。「翟玄邁」が六四二年に窟を造り、九代後の「翟奉達」が九二五年、壁画を塗り重ねた。この窟はジャク家の祈りの場だったのだ。

僧の修行場だった石窟の造営は、功徳とされて人々に広がった。岩壁を穿《うが》ち、仏画を描いて、一族の繁栄や死後の安寧を願ったのだろう。

窟の壁画には緑や白の幡《ばん》も翻る。寺院や法会の場に飾る荘厳具。幟《のぼり》に似た形状だ。六世紀の仏教伝来とともに日本へも入り、数多く製作された。正倉院宝物の「孔《く》雀文《じゃくもん》刺《し》繡幡《しゅうのばん》」も幡の一部。平糸を用いて紫綾《あや》に孔雀や草花、果樹の刺繡が施され、天平文化の華やぎを伝える。

幡が奈良の都を彩った時代から八〇〇年後。明代の一六世紀に、敦煌は中華世界から押し出された。河西回廊への関所、嘉峪関《かよくかん》が閉ざされて、国境線が変わったのだ。

交易も衰え、元代まで続いた莫高窟

修復作業が続く「第53窟」

の造営も絶えた。

悠久の歴史が旅心を誘うのだろう。今、人口一八万の街を年間一〇〇万人が訪れる。鳴沙山。数百頭のラクダが国内外の団体客を乗せては砂丘を行く。モーターハンググライダーが空を舞う。

前漢の烽火台《ほうか》が残る陽関には二〇〇三年、古代の関所を模したテーマパークが誕生し、鉄道の敦煌駅も八月、開業した。

莫高窟の入場者も今年、五〇万人を超え、一五年前の二倍以上に膨らむ見通しだ。

「観光も大切ですが」。王さんの表情が曇った。

すでに五〇以上の窟で、かびや塩害による壁画の傷みが深刻化している。入場者増で温度や湿度が変化し、二酸化炭素も増えると、さらに悪影響が及ぶ恐れがあるのだ。

「絵を接着しているところです」。「第五三窟」で唐偉さん（31歳）が汗をぬぐった。絵が剥落し、露出した壁が痛々しい。残る壁画と下地の間にゼラチンを注入して修復する。慎重を要する作業。一日二五センチ四方しか進まない。

一昨年、壁画保護専門基地が現地に設立され、国外の研究機関とも連携が進む。壁画のデジタル映像も保存し、三次元映像による鑑賞施設「デジタル展示センター」を三年後にも完成させる。増え続ける観光客対策だ。

大陸の歴史、そして仏教文化の変遷を刻む莫高窟。その継承への試みが続く。

6 安寧願い海渡る大仏――洛陽

洛陽郊外。石彫の馬に迎えられて、白馬寺の山門をくぐった。元代の十八羅漢像が並ぶ境内で、延武法師（35歳）が語り始める。「中国の仏教はここで始まったのです」。

後漢時代。光輝く仏の夢をみた明帝の使者に伴われ、経典を白馬に積んだインド僧二人が洛陽の地を踏んだ。経典漢訳の場として紀元六八年に建立されたのが白馬寺、中国最古の仏教寺院と伝わる。

黄河中流の穀倉地帯。今は河南省の一都市だが、紀元前八世紀の東周を始めとして後漢、北魏、隋、後唐と、九王朝が都を置いた。隋、唐代の人口は一〇〇万を超え、白馬寺から広がった仏教の一大中心地でもあった。

石段を上るにつれて、姿が見えてきた。弧を描く眉《まゆ》。涼しいまなざし。ふっくらとした頬《ほお》。大仏の面立ちは何とも気品に満ちている。

白馬寺の南西二〇キロ、伊河西岸の龍門山。中央の斜面を、三〇メートル四方に

龍門石窟の盧舎那大仏

わたって切り開いた岩壁に、像高一七メートルの盧舎那《るしゃな》大仏が彫られていた。

龍門石窟《せっくつ》。北魏が洛陽に遷都した五世紀末から宋代の一〇世紀にかけて、歴代皇帝や貴族らの寄進で二三〇〇余りの窟が造営された。山は彫刻に適した石灰岩とあって数々の仏像が内壁に刻み込まれ、その数は一〇万体に上る。

最大の窟が、大仏がある奉先寺洞。唐の三代皇帝、高宗の命で六七五年に建立された。皇后の則天武后も化粧料二万貫を寄進したという。

遠く、ガンダーラで生まれた仏像は、シルクロードを経て、大仏という「巨大国家事業」にも姿を変えたのだ。

案内役で、通訳の李浩さん（38歳）が教えてくれた。「大仏の顔は、則天武后に似せたと言われています」。

則天武后は高宗の死後、全国諸州に「大雲寺」を建立した。自らに都合よく書き換えさせた経典を広め、中国史上唯一の女帝に就く足場を固めたのだという。

国家仏教の象徴として大仏を造った高宗、寺院を政治基盤確立に使った則天武后。遣唐使や留学僧によって海を越え、奈良の都に届いたか、その手法は、聖武天皇が進めた仏教政策とどこか重なる。

勅書銅板（正倉院宝物）

正倉院に現存する「勅書銅板《ちょくしょどうばん》」。即位一七年後の七四一年二月一四日、聖武天皇が発布した「国分寺建立の詔」が刻まれている。全国に国分寺を建て、金字金光明最勝王経という経典を納めて、仏法による国家安定を願ったのだ。

盧舎那大仏造立の詔も出され、総国分寺と位置づけられた東大寺に、奉先寺洞よりやや小さい大仏が誕生した。

鎮護国家への総仕上げだったのか。翌七五三年、勅書銅板と経典が東大寺の七重塔に納められた。経典を包んでいただろう、簀《す》の子状の「金光明最勝王経帙《こんこうみょうさいしょうおうきょうのちつ》」も残り、日本仏教の礎を築いた聖武天皇の事績を伝える。

中国仏教の「祖庭」とも称される白馬寺。一五〇人の僧が修行に励む今も、まだ復興の途上なのだという。

一九六〇年代から七〇年代にかけての文化大革命は仏教をも巻き込んだ。僧は還俗を迫られ、寺院は荒廃した。白馬寺にやっと僧の姿が戻ったのは八〇年のことだ。

それから中国経済は急成長を続ける。洛陽は人口六三〇万の大都市だ。企業や参拝者からの寄付も増えた。周辺の土地を購入し、境内はもうすぐ現在の四倍に広が

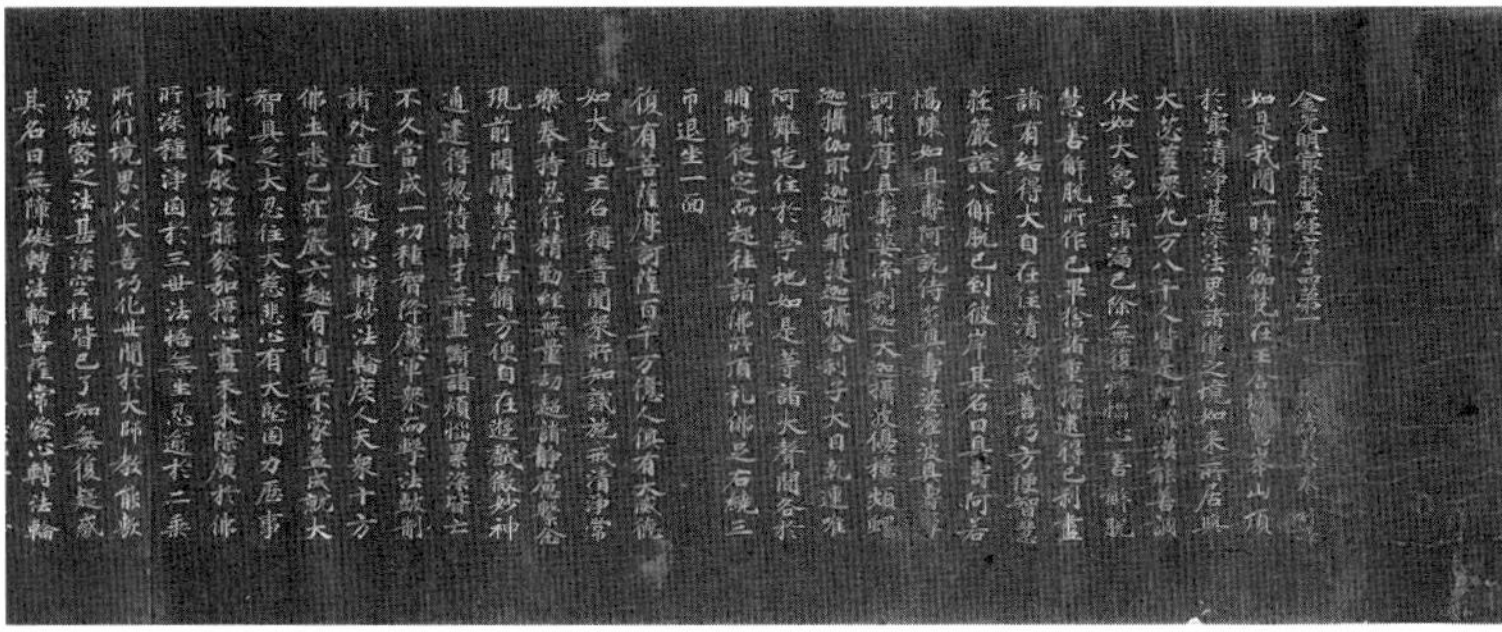
金光明最勝王経（奈良国立博物館所蔵）

る。

「皆の心の中に、仏は生き続けているのでしょう」。延法師が手を合わせた。

7　時空超え宝物は語る――西安

古代インドから中国へ、遥《はる》かな旅をして、たどり着いたのか。舎利が眠っている。黄金の箱に入れて柱に埋め込まれ、安置されている指先ほどの骨片。入滅後、二五〇〇年の時空を超えて伝わる釈迦の遺骨なのだという。

かつての長安、陝西省・西安から西へ一二〇キロ、そこは法門寺という古刹《こさつ》だ。後漢後期の二世紀か、西魏の六世紀か。伝来の経緯は不確かだが、舎利は唐代の六三一年、境内で掘り出されたという。以降、三代高宗、七代粛宗、九代徳宗ら、皇帝が長安の都に運んでは供養の儀式を営んだ。多くは三〇年周期だったと史料は告げる。

一三王朝の都にしてシルクロードの東の発着地。日本からも遣唐使や僧らが渡った長安は、各国民族が多く住んだ国際都市だ。唐も中央アジアにまで及ぶ大帝国だった。舎利供養は、国家統合の装置としても利用されたのだろう。

だからこそ、王朝とともに消えた。法門寺博物館の任新來副館長（42歳）が言う。

唐の求法僧玄奘が仏典を納めた大雁塔

「供養は唐の終焉《しゅうえん》で絶え、舎利も失われていたのです」。

時代は流れた。倒壊した明代の仏塔の地下三メートル辺りで地下宮殿跡が見つかったのは一九八七年四月。再建工事に伴う発掘調査中のことだ。

黄金の鉢、銀の香炉「薫球」、西アジア風の文様が刻まれた藍《あい》色のガラス皿、深紅の絹の衣……。三〇平方メートルの「宮殿」から、唐代の輝きをたたえた二五〇〇点の宝物が出土した。舎利も、五重の器などに入って埋まっていた。

同時に見つかった二枚の石碑が寺と宝物の来歴を物語っていた。ともに縦六〇センチ、幅一一〇センチ。所々かすれてはいるが、銘文を読みとれる。

宝物と奉納者の名を彫ってあるのが、「衣物帳」。一七代懿宗《いそう》か、一八代僖宗《きそう》の献納が多く、則天武后の名もある。

「真身誌文」は寺伝。紀元前三世紀、舎利を納める八万四〇〇〇のストゥーパ（仏塔）を建てたインドのアショカ王の伝承も刻む。僖宗が営んだ舎利供養を最後として翌八七四年一月、地下宮殿を閉じたこともうかがえる。

任さんが続けた。「二つの石碑が残るからこそ、宝物や仏舎利の価値、そして仏教文化にシルクロードが果たした役割がわかるのです」。

奈良・正倉院に「国家珍宝帳《こっかちんぽうちょう》」がある。白麻紙。「衣物帳」と同じ宝物目録だ。

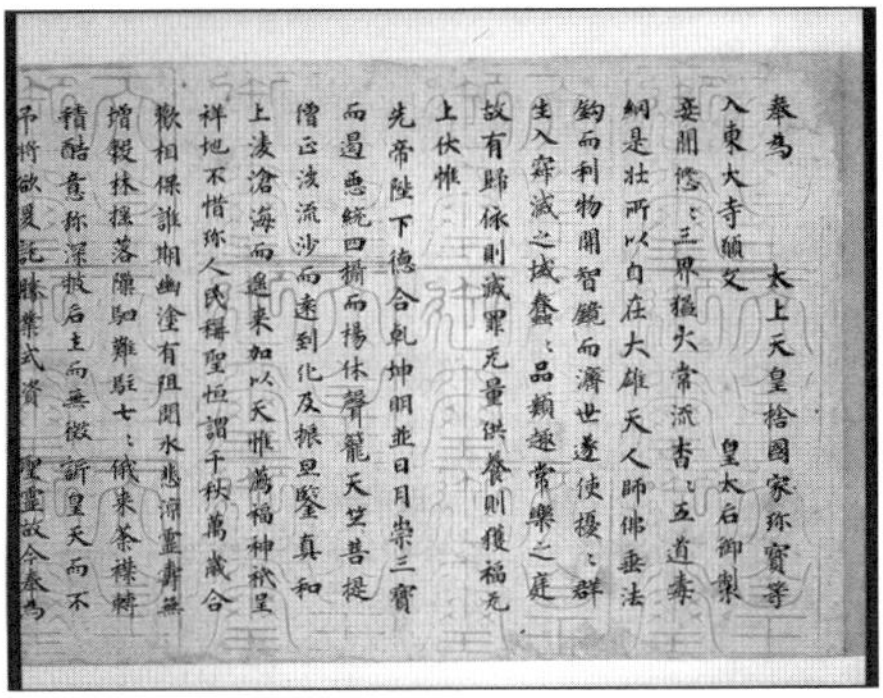

国家珍宝帳（部分）（正倉院宝物）

聖武天皇の没後四十九日に、遺愛品を光明皇后が東大寺大仏に献納した経緯が、当代随一の名筆でつづられている。

目録の筆頭にあるのは「七条刺納樹皮色袈裟《しちじょうしのうじゅひしょくのけさ》」（口絵参照）。聖武天皇が出家後、愛用したとみられる平絹の袈裟だ。仏教への深い帰依が、正倉院宝物の原点に流れているのだろう。

すべての道は長安につながっていた。遣唐使らも海を渡り、文化を奈良に届けた。僧玄昉《げんぼう》は経典を、吉備真備《きびのまきび》は楽器類を――。そして正倉院に法門寺の薫球に似た薫炉があり、ガラスの杯がある。

西安。長安をイメージした街づくりが進む。唐代、人と物が集まった世界最大の市場・西市の遺跡上に二年後、唐風建築で統一した大規模商業施設をつくる計画だ。シルクロードの世界遺産登録に向けた動きもある。中国からイタリアまで沿線各国が今夏、国際会議を開いた。連携して活動する考えだ。関係者は言う。「人類の遺産を世界全体で守りたい」。

仏教文化をさまざまに伝えたシルクロード。その道は、今も世界をつないでいる。

玄奘三蔵のみた仏教王国・クチャ

天山南路最大のオアシス都市・クチャ。

かつて亀茲国（屈支国）の中心だったこの地は、タクラマカン砂漠周辺で最も仏教が栄えた場所として、西域南道のホータンと並び称される。『法華経』『維摩経』などを漢訳した鳩摩羅什《くまらじゅう》（クマーラジーヴァ）も、ここで生まれた。

周辺に位置するキジル、クムトラなどの仏教石窟群には、素晴らしい壁画が豊富にのこる。諸尊・人物の異国的な風貌、芯の通った描線の強さ、ラピスラズリの鮮麗な青など、その魅力は筆舌に尽くし難い。羅什の活躍期から二〇〇年以上を経た唐・貞観元〜二（六二七〜六二八）年の頃に長安を出発した玄奘三蔵《げんじょうさんぞう》も、インド行の途次、クチャに二カ月滞在した。玄奘の旅の記録をもとに編纂された『大唐西域記』は、当地特産の農作物や鉱物資源を列挙してその豊かさを強調し、「気候は『和（穏やか）』で風俗は『質（純朴）』」という。荒涼たる砂漠と対照をなす、心地よい楽園のようなイメージを喚起する言葉である。

今日のクチャにも立派な歌舞団があるが、『西域記』には当地の「管弦伎楽」が、諸国に名声を轟かせていると記される。石窟寺院の壁画でも楽舞は欠かせない主題であり、キジルの諸窟に正倉院宝物と同形の五絃琵琶が描かれていることは、特に名高い。

玄奘の到着時、クチャでは国王の蘇伐畳《そばつじょう》（スヴァルナデーヴァ）と大臣、大徳僧・木叉毱多《もくしゃきくた》（モークシャグプタ）ら数千の僧たちが、都城の東門の外で出迎えたという。このとき奏楽も行われており、玄奘は五絃琵琶の音色や舞人の躍動に、直に接した可能性がある。

また玄奘の記録には当地で五年に一度行われた、道俗貴賤を問わずあらゆる階級の者が供養を受けられる「五年一大会《だいえ》（無遮《むしゃ》大会）」も登場する。これも天平一七（七四五）年の奈良で聖武天皇が営んだ無遮大会を連想させ、感慨を誘う。

しかし当時のクチャ仏教は、国王の保護下で「伽藍百余ヶ所、僧徒五千余人」に及ぶ隆盛を誇る一方、教学面では玄奘の求めた内容・水準からは遠いものだった。頂点に君臨していた木叉毱多は、当地で重視された小乗系の仏典についてさえ、玄奘と問答してまったく歯が立たなかったという。

キジルなどの壁画の年代について、二〇世紀初に基礎的な報告・論考を刊行したドイツ人研究者は、ラピスラズリを多用する最盛期の作品群を七世紀前半と推定した。玄奘関連の文献史料にクチャ周辺の諸石窟に関する記事はみえないが、この推定が正しいならば、絢爛たる壁画群の多くが、玄奘来訪に近い時期の教団の状況を背景にもつことになる。

先の問答の話が玄奘側の一方的な証言であることは割り引くにせよ、当地における造形活動の充実が、学問仏教の沈滞と一連の現象だったのであれば、少々複雑な気分になる。

一方で一九八〇年代、放射性炭素による年代測定の結果をもとに、キジル諸窟の造営を従来の想定より百年単位で繰り上げる編年体系が、中国人研究者により提出された。しかしその立論には検証すべき点が多く、定着には至っていない。

編年論の行方は、壁画を生み出した仏教界の状況に対する理解と評価にも、決定的な影響を及ぼす。今後もクチャ周辺における石窟寺院の研究動向から、目が離せない。

（稲本泰生）

ガンダーラの子ども（パキスタン，ペシャワール）

第3章　騎馬民族の興亡を映す文様

——スイアーブ〜メルブ／二〇〇七年

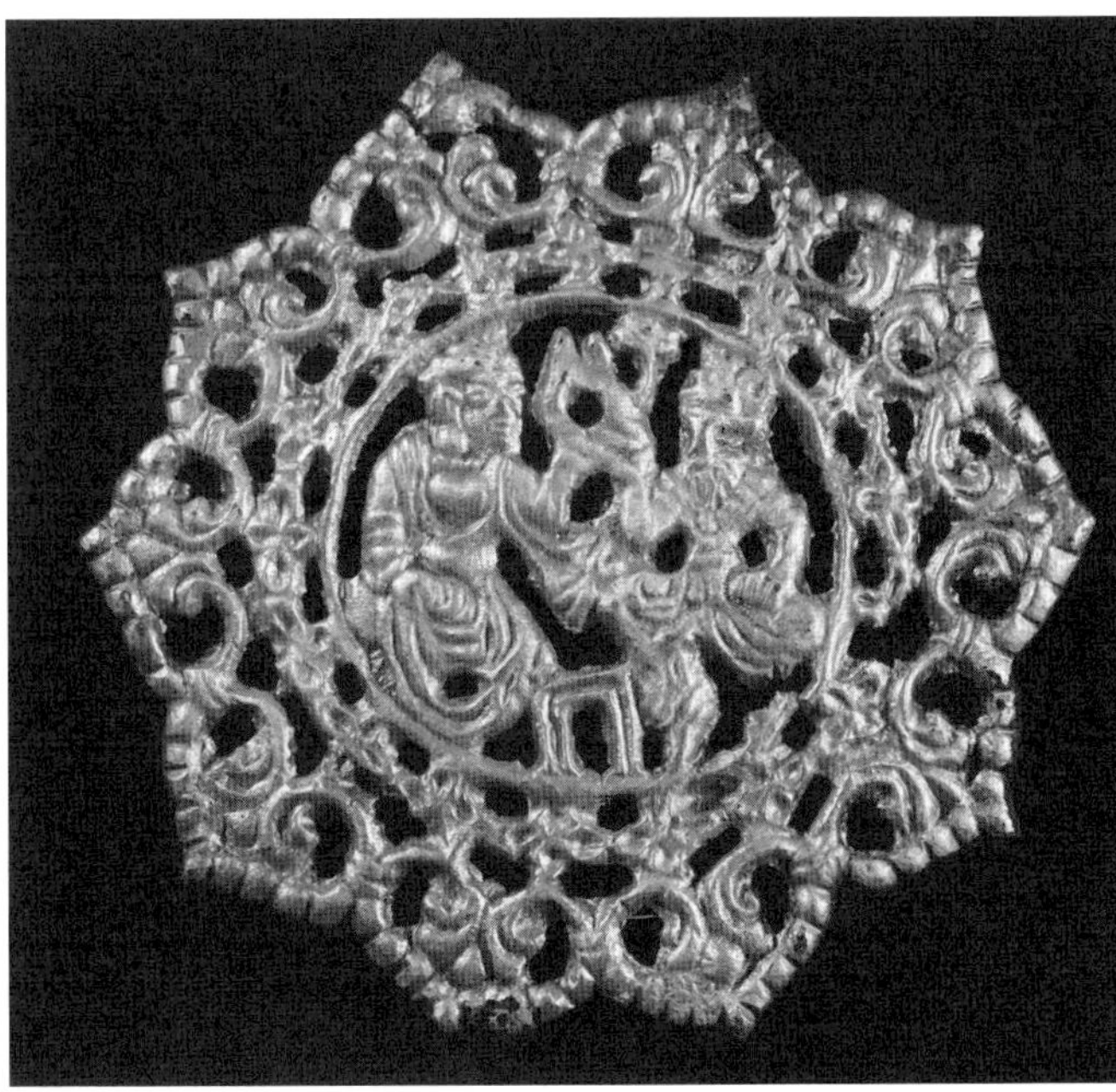

唐草文の飾り（キルギス国立歴史博物館所蔵）

古来、「西域」と呼ばれた中央アジアはシルクロードの十字路だ。悠久の時を超えて数々の民族が駆け抜け、東西の文明が交差した。ゆかりのある正倉院宝物を重ね合わせながら、今も残る西域の薫りを求めて四カ国を訪ねた。

イシク・クル湖

1　民族興亡を映す文様――スイアーブ

形は木の葉に似て、湛《たた》えた水は青い。古代集落が沈むという湖は深く、清冽《せいれつ》だ。キルギス東部、イシク・クル湖。北にクンゲイ・アラトーの峰々がそびえ、南にも天山山脈の支脈がかすむ。

中央アジアへの東の入り口に位置し、周囲は七〇〇キロほど。時折、紀元前の青銅器が岸辺に打ち上げられる。ソ連時代、煉瓦《れんが》を積んだ建物跡も水底で発見された。

北岸の高原にも古代の痕跡があった。線刻で絵が描かれた岩がいくつも転がる。巻き角の山羊《やぎ》、狼《おおかみ》、ラクダを引く隊商……。その数は九〇〇を下らない。

近辺を野外博物館として管理するブラット・アブドロザコフさん（24歳）が言う。「岩絵の多くはサカや烏孫《うそん》が描いたとみられています」。

紀元前八世紀、世界最古の騎馬遊牧民スキタイの流れをくむサカは、中央アジアの草原地帯に拠点を築いた。やがて紀元前後から五世紀にかけて湖の一帯を支配したのが烏孫。やはり遊牧民だ。

二つの民族の、祭祀《さいし》の場が岩絵の高原だという。動物の意匠に安寧を祈ったのか。湖底に眠るのもサカか、烏孫かも知れない。

岩絵の山羊

湖から西へ一〇〇キロ、今のトクマク付近でシルクロードは交わる。天山南路の支線が天山北路に結節する要衝、かつてのスイアーブだ。

七世紀、インドへの途上で唐僧玄奘も立ち寄った。当時は、中央アジアを制覇した西突厥《とっけつ》の都。君主に歓待されて羊肉やブドウの果汁が天幕に並んだと、中国史料『大慈恩寺三蔵法師伝』は伝える。

北にチュー川が流れる。流域は沃野《よくや》だ。突厥の時代も特産のブドウや麦をイラン系のソグド人らオアシス定住民が栽培した。隊商が行き交い、物資も集積していただろう。

六五七年、唐の侵攻で西突厥は滅んだ。代わって唐が西域での拠点を構えたが一〇世紀、トルコ系遊牧国家カラ・ハン朝が王都を築く。興亡はその後も長く続いた。「砕葉」。漢文でスイアーブと刻まれた七世紀後半の石碑がある。チュー川に近いアクベシム遺跡で出土した。かつての砕葉城の廃虚だ。

仏教寺院跡もあって、青銅の飾りが発掘された。ラクダを捧《ささ》げ持つ男女像に唐草文の縁取り。「豊穣《ほうじょう》を祈ってソグド人が考案した意匠です」と考古学者バレンチナ・ゴリャチェワさん（67歳）は語る。

ギリシャが起源の唐草文は西域で変容しつつ東漸し、中国、そして日本で流行した。

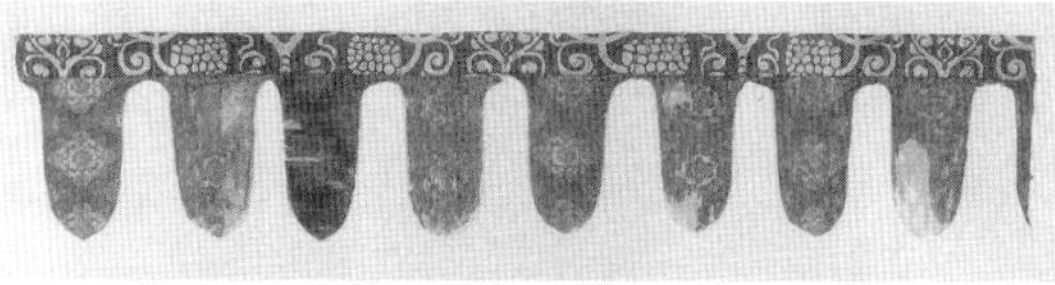

錦縁飾残欠（正倉院宝物）

葡萄唐草文

奈良・正倉院の宝物に足跡が残る。仏像の飾りとされる帯状の「錦縁飾残欠《にしきのふちかざりざんけつ》」。ブドウの房を図案に採り入れた葡萄《ぶどう》唐草文が施され、異国情趣を醸している。唐草だけではない。奈良時代の「羊木臈纈屏風《ひつじきろうけちのびょうぶ》」。描かれた巻き角の羊はササン朝ペルシャの装飾文に通じ、湖岸で見た山羊の岩絵とも重なり合う。繰り返し民族が衝突し、文化が交差する中で、文様は洗練されていったのだろう。

遠く天山の雪渓に抱かれて、羊の群れが草をはむ。沿道の天幕で球形チーズや馬乳酒を売る村人の姿もある。

今、国内人口の六割はキルギス人、一六世紀に北方から移動した遊牧民の末裔《まつえい》だ。古代の民族が湖底に消え、王都が廃虚と化しても、草原とオアシスの薫りは消えない。

山すそでブドウ畑が紫に色づく。収穫が近い。

2　騎馬の高揚、脈々と——フェルガナ

土煙が舞う。騎馬の男たちが突進し、激しくぶつかりながら、獲物を奪い合う。山羊《やぎ》だ。頭と足が切り落とされている。重さ三〇キロはあるだろうか。一人が手

コクボル

綱を口にくわえて身を乗り出し、つかみ上げた。敵の追走をかわし、ゴールへ駆ける。

キルギスの独立記念日、八月三一日。首都ビシケクの国立競馬場で、伝統競技「コクボル」が催された。大統領杯決勝。四騎ずつで対戦し、山羊をゴールに投げ込んで得点を競う。戦いは「蒼《あお》き狼《おおかみ》」を指す名の通り、猛々《たけだけ》しい。

また一騎が山羊を抱え、包囲を突破した。一万二〇〇〇人の観客がどよめく。「今でも血が騒ぐ」。六時間かけて観戦に訪れたムスラットベッコフさん（74歳）が言った。

狩りの獲物を争奪する遊びが起源とされるコクボル。名を変えて、中央アジア一帯に伝わる競技が、騎馬遊牧民の遠い記憶を今につなぐ。

ビシケクの南西三〇〇キロ辺り、天山山脈の西にフェルガナ盆地が広がる。紀元前一〇四年、漢の武帝は長安から三〇〇〇キロ余り離れたこの地に遠征軍を送った。狙いは領土ではない。馬を求めたのだ。

漢は、北方の遊牧民族、匈奴《きょうど》の騎馬軍団に脅かされていた。反転攻勢へ、頑丈で走力に優れた馬が欠かせない。そこへ、未知の西域に派遣していた張騫が一三年ぶりに帰還し、朗報を届けた。

布袴（正倉院宝物）

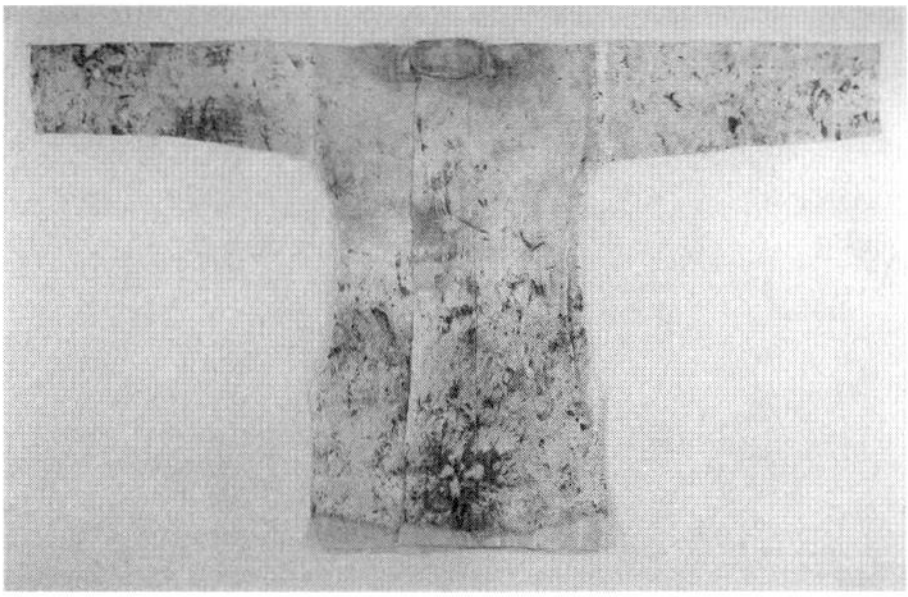

布袍（正倉院宝物）

大宛《だいえん》という盆地の国で、多くの良馬を見たという。「大宛……馬、血を汗にす。其先は天馬の子なり」と、中国の史書『史記』も伝える。

驚喜した武帝が決断した中国初の西域進出。失敗したが再度の遠征で三〇〇〇頭余りを得た。血の汗を流して万里を駆けると形容された「汗血馬《かんけつば》」だ。勢いづいたか、匈奴の駆逐にも成功した。

なぜ、フェルガナで名馬は生まれたか。前四世紀、西域に到達したアレクサンドロス大王の東征、そして騎馬文化を育《はぐく》んだ世界最古の遊牧国家スキタイの一族、サカの存在があるのではないか。

当時、一帯に勢力を及ぼしたサカは、スキタイと同じ駿馬《しゅんば》を携えていただろう。大王が遠征に伴った西方の良種との間で、交配が進んだとしても不思議はない。

やがて誕生した馬が世界を動かした。軍事や輸送面はもちろん、武帝の出兵で、オアシスを伝って天山南麓《なんろく》やさらに南を行く西域への道が切り開かれた。「馬によって、シルクロードがつながったのです」と、キルギス国立歴史博物館のグリミラ・ジュヌシャリエワさん（41歳）は説く。

そうして西域から中国、日本へ、騎馬文化が広がる。

朝鮮半島を経て、乗馬の風習が伝わったのは古墳時代の四〜五世紀ごろ。遊牧民が好んだ細身の上着とズボンもたらされ、奈良・正倉院に筒袖の「布袍《ぬののほう》」と、ズボンに似た「布袴《ぬののはかま》」が残る。奈良時代、朝廷が写経生らに与えた仕事着。乗馬服という意識はすでに薄れていたのだろう。

フェルガナは今、ウズベキスタン、タジキスタンを含む三国にまたがる。コクボルの馬を飼う農家はあるが、探し歩いても、汗血馬の流れをくむ種と出会えなかった。

幻の馬の姿を求めて、ビシケクで、キルギスの民族叙事詩「マナス」を聞いた。世界有数の口承文学。語り部のウルカシュ・マンベタリエフさん（73歳）が天幕で、騎馬民族としての足跡をたどる。

やがて手綱を引くしぐさも交え、語りは熱を帯びた。「あまりの速さに脚の動きが見えない。空を飛んでいる」。叙事詩に息づく馬は、コクボルさながら、猛々しい。時に奔馬のごとく。

3　東西衝突を伝える製紙――サマルカンド

群青の空に映えて、煉瓦《れんが》のドームが立つ。壁を覆うタイルも青く、光彩を放つ。内壁も壮麗だ。天井まで金箔《きんぱく》が施されて植物、星、アラビア文字と、さまざまな

グリ・アミール廟

文様が連なる。厚紙を突起状に張り合わせて青く彩色した装飾も窓の上部に重なり、鍾乳石に似た趣を醸している。

グリ・アミール廟《びょう》。中央アジアに大帝国を築いたティムール一族の墓所だ。「青の都」と呼ばれるウズベキスタンの古都サマルカンドにあって威容が際立つ廟は一四〇四年、ティムールが建造した。孫を葬るためだ。伝承のイスラム建築の粋が注ぎ込まれたことだろう。

その一つが厚紙を使う「クンダル」。紙の産地でこそ生まれた装飾技法だった。

ソグド王の行列。華麗な衣装で馬に乗る男女。中国人の使節も描かれている。

霊廟から北東二キロ。アフラシアブの丘に建つ博物館に極彩色の壁画があった。一帯はかつて、シルクロードで交易と農耕に生きたソグド人の本拠地。七世紀の邸宅跡から出土した絵が、全盛期にある民族の富と力を物語る。

絹織物を求めて、中国と行き来したソグド人は紙も扱っていた。四世紀初めのソグド商人の手紙も敦煌郊外で見つかっているが、中国で発明された製紙法までは知り得なかったらしい。

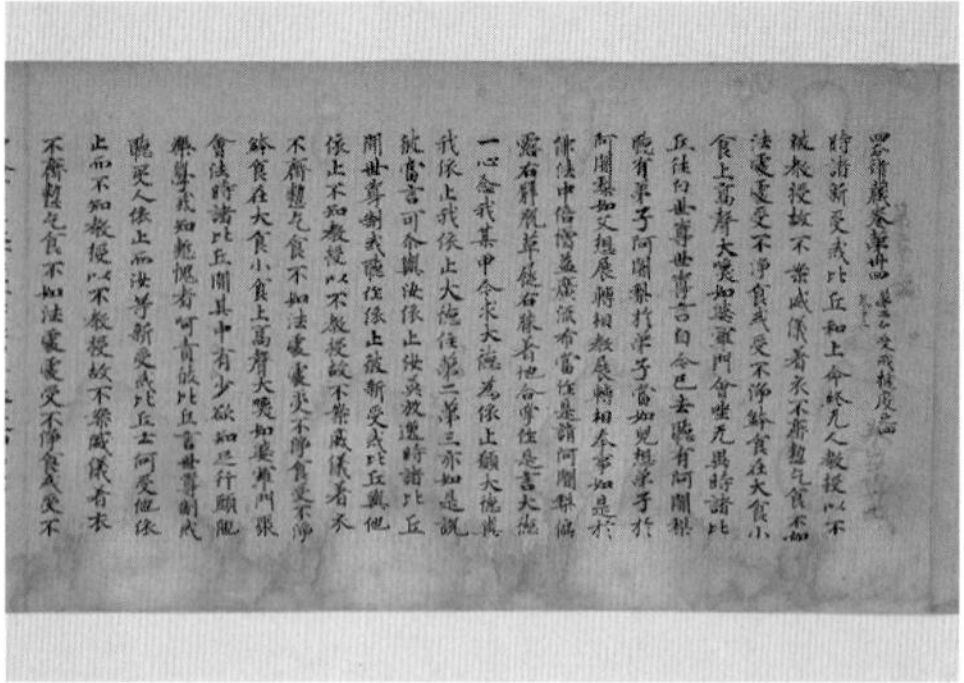

四分律　巻第二十七（光明皇后御願経）（正倉院宝物）

東西の衝突が製紙をもたらした。キルギス、カザフスタン国境付近のタラス河畔で七五一年、唐はイスラム帝国と戦い、大敗を喫した。「連行された唐軍の捕虜に紙漉《かみすき》工がいたのです」と、サマルカンド国立歴史文化博物館副館長ラヒム・カユモフさん（55歳）が史料をひもとく。

シルクロードの天山南路と天山北路が合流し、輸送基地として適したサマルカンドに次々と工場が建てられた。すでにイスラム勢力の支配下にあり、ソグドの権勢は陰りを見せていたが、蓄えた富が生産を支えたのは疑いない。

パピルスや羊皮紙より安価で優れた書写材として、紙は行政文書、契約書と多様に用いられた。サマルカンドの主産品となる一方で、製紙法はイスラム世界を西漸し、一二世紀にスペインに至る。

カユモフさんは言う。「紙がイスラムの宗教、政治、学問を発展させたのです」。

翻って日本へは、仏教とともに渡ってきたのだろう。

百済から仏典がもたらされた五三八年、紙の存在も知られた。六一〇年には高句麗僧が製紙法を広めている。

奈良・正倉院に黄麻紙の仏典がある。僧侶が守るべき戒律「四分律《しぶんりつ》」だ。現存する四八巻のうち、「御願経」三二巻は一巻を除き光明皇后が書写させた。残る「唐経」一六巻は唐からの伝来品だ。御願経の紙より薄く、品質に勝る。

唐経は唐僧鑑真が伝えたとされる。七五三年、波濤《はとう》を越えたその一団に「胡国人《ここく》安如宝」の名がある。「胡国」とはソグドの国。その営みは日本にも及んでいた。

一三世紀、モンゴルの襲撃で壊滅後、復興したサマルカンドの紙は一九世紀、ロシア帝国の支配下で廃れた。かつて四〇〇を数えたという紙漉用の水車小屋も姿を消した。

製造初期の紙も残っていない。最も古い現存品は一四世紀のコーラン。原料は桑の皮だが工程は定かではない。

「伝統工芸を何とか復活させたい」。ザリフ・ムフトロフさん（51歳）は一一年前から、桑の皮を使って研究を続けてきた。和紙の技術を採り入れて品質が向上したという。

木立に囲まれた工房で日本の道具を操り、また1枚、伝統の紙を漉き上げた。

4　懐深く世界包み込む町――ブハラ

ライトを浴びて踊り子が夕闇に浮かんだ。ドイラという太鼓が響き、琴に似たチャングが憂愁を帯びた旋律を奏でる。舞踊が始まった。

ブハラの踊り子

ブハラ――。イスラム文化の中心地として栄えたウズベキスタンの古都は今、観光都市だ。九世紀以降の建物群が旧市街に残り、神学校跡「ナディール・ディヴァンベギ・メドレセ」の庭で毎夜、民族舞踊の公演が催される。

ブハラ、フェルガナ、タジキスタン……。中央アジアの各地に古くから伝わる踊りを採取し、披露しているのは国立舞踊団の団員たちだ。

軽くステップを踏んだ。薄絹をなびかせて舞う。手首の鈴が澄んだ音を立てた。

「絃鼓《げんこ》一声すれば、双袖《そうしゅう》挙がり、廻雪《かいせつ》のごと飄々《ひょうひょう》と、転蓬《てんぽう》のごとく舞う」

唐の詩人、白居易は都の長安で流行した「胡旋舞《こせんぶ》」をそう詠じた。その踊り手は「胡姫《こき》」。ソグド人だったという。シルクロードを行き交い、東西交易を担った民族だ。

東へ二〇〇キロ余り離れたサマルカンドと並び、ブハラもソグドの故地だった。独自のソグド語を使い、ゾロアスター教を信仰したが、他の宗教にも寛容だったという。

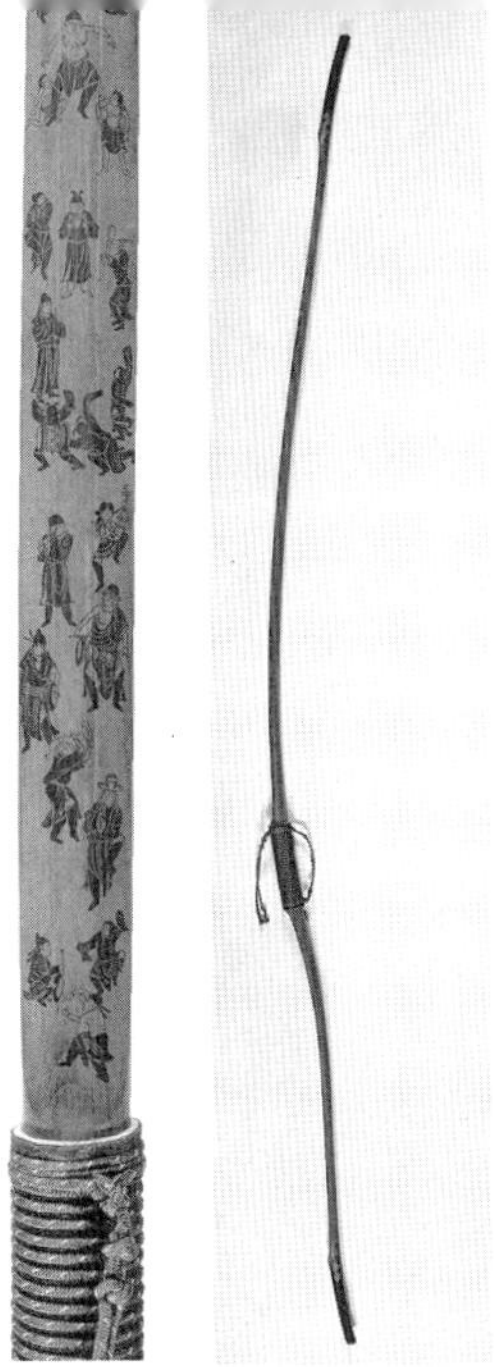

墨絵弾弓と拡大図(左)(正倉院宝物)

メドレセの近くにある一二世紀の「マゴキ・アッタリ・モスク」。その下層から、六世紀のゾロアスター教神殿が発掘され、さらに仏教寺院跡も埋もれていたのだ。異文化への懐の深さは宗教にとどまらない。「様々な芸能も持ち帰り、東方へと伝えたのです」と、国立ブハラ・オアシス博物館長のマスマ・ニヤゾワさん（51歳）が民族の果たした役割を説く。

「散楽」も、ソグド人が西域からもたらしたという。歌舞、演劇、曲芸、奇術、人形遣いといった唐代の民間芸能の総称だ。その一つが、胡旋舞だったのだろう。

唐の散楽は七五二年、奈良・東大寺の大仏開眼会で奉納され、日本でも定着した。正倉院宝物「墨絵弾弓《すみえのだんきゅう》」に散楽図がある。玉をはじく遊戯用の弓に墨で描かれているのは楽舞、竿《さお》登りの軽業、見物人……。ドイラを思わせる太鼓を打つ姿もある。

散楽は後に能や歌舞伎、狂言、文楽へと発展した。その橋渡し役とも言えるソグドはしかし、イスラム世界に埋没し、弾圧も受けて八世紀、歴史の表舞台から消えた。

旧市街。ユダヤ人街があり、シナゴーグというユダヤ教の礼拝所も建つ。

ラビのアロン・シアノフさん（70歳）は「移り住んだのは一〇〇〇年以上前と伝わる」と語る。一万八〇〇〇人が居住した時代もあるが、今は一二〇〇人。旧ソ連からの独立を機にイスラエルや米国への移住が相次いだという。

「ユダヤ人はよき隣人。減っていくのは残念だ」。礼拝所管理人ネマット・ムミノフさん（48歳）は言う。自らはウズベク人、イスラム教徒だ。

ソグドの記憶は遠ざかっても、文明の衝突を超えて、宗教、民族の共生が続く。

舞踊が終わった。神学校跡の庭にざわめきが戻る。フランス語、英語、ロシア語、日本語も聞こえた。優美で艶《つや》やかな舞の余韻に浸って、各国の観光客がそぞろ歩く。

群舞をリードしたリリャ・ムラドさん（37歳）は国立舞踊団に入って一八年。「伝わってきた踊りを、受け継いでいきたい」と息を弾ませた。

建物の正面。人面の太陽をモザイクで描いたアーチがあった。偶像崇拝の否定というイスラムの教えを、神学校が破っている。

ブハラの懐はやはり、世界を包み込んで深い。

5　西の果て、仏教遠く——メルブ

破壊の限りが尽くされたのだろう。乾いた大地の向こうに、朽ちた城壁が続く。

経文が入っていた壺

トルクメニスタン東部、マリ郊外。荒涼たるカラクム砂漠に囲まれて、メルブの遺跡はあった。紀元前六世紀から一八〇〇年余りにわたって繁栄した、中央アジア最大級のオアシス都市だ。

日干し煉瓦《れんが》が露出したドームが立つ。セルジューク朝の王墓とされるスルタン・サンジャル廟《びょう》だ。図書館や天文台も築かれ、一〇〇万人が住んだという街は一三世紀、モンゴル軍の来襲で壊滅したが、イスラムの霊廟は残った。

安息日。礼拝に訪れる人々の姿がある。近在のアクムラット・サパルゲルディーフさん（80歳）もその一人だ。

「街は捨てられても、霊廟は変わらずにあるから」

アフガニスタン北部、ヒンズークシ山脈から流れるムルガブ川はマリを横切り、砂漠に消える。古代、その流域にメルブの街は生まれた。

最古の遺跡が「エルク・カラ」。アケメネス朝ペルシャ時代の都城跡だ。その城も取り込んで建設された「ギャウル・カラ」は二キロ四方に広がり、水路も巡った。さまざまな民族が移住し、麦やブドウが栽培されたのだろう。

南東隅に直径一〇メートル規模の土塊がある。四～六世紀のストゥーパ、仏塔跡だ。僧院跡も確認され、サンスクリット語で経文が記された白樺《しらかば》樹皮の入った壺《つぼ》も

彩絵仏像幡と拡大図(左)(正倉院宝物)

出土している。

遺跡調査にかかわった考古学者ダブラン・ソフベトフさん（34歳）が語る。「世界最西端の仏教遺跡です。ササン朝ペルシャ時代の仏教集団の一拠点だったのでしょう」。

古代インドで生まれた仏教は、ヒンズークシ東麓《とうろく》のガンダーラを経て中央アジアに至り、古代イランのゾロアスター教の影響を受けながら西域仏教として浸透した。メルブ周辺に流伝したのは前一世紀ごろらしい。遊牧国家パルティアの支配下でギャウル・カラの建設が進んだ時代だ。

仏教を容認したパルティアは三世紀で衰亡したが、僧の集団が形成されていたことは疑いない。メルブの僧院からシルクロードの街々へ、布教活動を進めていったのではなかったか。

実際、紀元前後に伝来した中国で後代、仏典漢訳に努めたのも、パルティアやソグド人ら西域の僧が多かった。そうして仏教は東漸し、五三八年、日本へたどり着く。

東の果てで仏教文化が爛熟《らんじゅく》した。正倉院宝物「彩絵仏像幡《さいえのぶつぞうばん》」は法要で掲げた幟《のぼり》だ。黄土や白土といった顔料で絹地に描かれた四体の菩薩《ぼさつ》像が目を引く。焼香に使われた「紫檀金鈿柄香炉《したんきんでんのえごうろ》」（口絵参照）は紫檀に水晶を埋め込み、花や鳥を象眼した装飾が華やかだ。

西方はどうか。

メルブの西三〇〇キロ、アシガバード近郊にニサ遺跡がある。パルティアの都だったが、仏教の痕跡は見つかっていない。コペトダグ山脈に隔てられたイラン以西も同様だ。

七世紀、アラビア半島で勃興《ぼっこう》したイスラム勢力に席巻されたのだろう、西域仏教はいつしか姿を消した。

「さまよえる街」。メルブはそう呼ばれる。支配者が変わるたび、街を捨て、新たに築いた歴史があるからだ。

ギャウル・カラの西、日干し煉瓦の霊廟が立つ「スルタン・カラ」は九〜一三世紀の遺跡だ。滅んだ街は繁栄を取り戻すことなく、やがてオアシスの中心はマリへ移った。

ムルガブ川の流れも変わった。今は遺跡の二五キロ西へ蛇行する。代わりに、カラクム運河がカスピ海まで延びて砂漠を潤し、綿花畑も広がる。

遥《はる》かシルクロードの興亡を遺跡に映し、西域の果てに夕日が落ちていく。

コラム 3

牡羊の壮大な旅

まずは二つの図を見比べていただきたい。図1はウズベキスタンの古都サマルカンドで見つかった牡羊の壁画、図2は奈良の正倉院北倉に伝わる羊木蠟纈屏風《ひつじきろうけちのびょうぶ》の牡羊である。描かれた素材や技法が異なるため細かなところは一致しないが、左向きのすまし顔、脚の運び、体の三角文様など、両者は非常によく似ている。図2の首のギザギザ文様は、図1の綬帯《じゅたい》（聖なるリボン）のなごりであろう。奈良の牡羊は、サマルカンドの牡羊の原図やデザインを写したものとみて間違いない。

サマルカンドから奈良まで、その距離およそ六〇〇〇キロ。地球の半径にも相当する長き道のりを、今から一三〇〇年もの昔に、一頭の牡羊が旅をした。もちろん、絵の羊ではあるが、これを伝

図1　サマルカンドの牡羊

図2　正倉院の牡羊

えたのは誰なのか、そしてなぜ牡羊なのか?

牡羊の壁画は、サマルカンドの郊外、アフラシアブの丘の邸宅跡から発見された。七世紀頃のソグド人の風俗を描いたものとして有名な壁画で、丘のふもとの博物館で現物を見ることができる。しかし、実際に壁画を目前にしても、なかなか牡羊の姿をみつけることができない。目を皿のようにして探すと、なんと牡羊はソグドの男たちの衣服や馬鞍のカバーを飾る文様であり、ごく小さく何頭も描かれていたのである。ソグド人はシルクロード交易の立役者。西の宝石や金銀器を東に運び、東の絹織物を西に運んだ。彼らの衣服に描かれていた羊ならば、シルクロードを渡るのは容易だったに違いない。

あらためて牡羊の姿を見直すと、彼は並みの羊ではないことに気付く。大きな巻角は中近東や中央アジアに棲む羊の原生種ムフロンの特徴。首の綬帯は神の印。ゾロアスター教の戦勝神ウルスラグナは十の化身《けしん》をもつというが、その一つに「美しき野生の牡羊」がある。凛然と歩く姿は、まさに戦勝神の気高さを表したものであろう。ササン朝ペルシャの銀皿や水瓶にもこの牡羊がみられ、さかんな信仰がうかがえる。

一方、中国・唐の都、長安は世界の人々が集まるコスモポリタンであった。白居易や李白が「胡姫」を詠うように、貴人サロンでは異国情緒の漂う西域文化がブームであった。ソグドの商人たちが運んだ銀器や布は当時の最新モードであり、それに便乗した牡羊も放って置かれたわけがない。日本の遣唐使たちもこの乾いた空気を吸い、異国情緒の一片でも母国に持ち帰ろうと願ったと想像される。

かくして、西域の神獣は商人と共に砂漠を渡り、外交使節の船で東の海をも越えた。奈良の地で牡羊は絁《あしぎぬ》に染め抜かれ、屏風に仕立てられた。サマルカンドでは一〇センチに満たない小柄だったが、縦横五〇センチの雄大な姿へと成長し、最後は聖武天皇の身近に侍り、その長旅を終えたのである。

（吉澤　悟）

青空市場（トルクメニスタン，アシガバード郊外）

平螺鈿背八角鏡（正倉院宝物）

白瑠璃碗（正倉院宝物）

白石火舎（正倉院宝物）

白銅火舎（正倉院宝物）

金銀花盤（正倉院宝物）

佐波理加盤（正倉院宝物）

紫檀木画槽琵琶（正倉院宝物）

螺鈿紫檀五絃琵琶（正倉院宝物）

ライトアップされたスィー・オ・セ橋（イラン，イスファハン）

結婚式での伝統的な踊り（イラン，ギラン）

牛を襲うライオン像（イラン，ペルセポリス）

ガラス器が出土した丘陵地帯（イラン，デイラマーン）

アラビア湾岸で造られる木造船（ダウ）（イラン，デルバール）

年間30回以上の公演をこなす揚州市立楽団の団員（中国，揚州）

鼓楼広場に立つ夜市（中国，開封）

日没間近の黄河（中国，開封）

1本のイチョウの木から彫り出されたといわれる千手眼仏像（中国，開封）

全国から大相国寺に集まった学僧たち（中国，開封）

韓国料理が盛られた佐波理製品（韓国，慶州）

市の中心部に多い新羅時代の古墳群（韓国，慶州）

約100体の仏像が残る南山で最大の釈迦如来像（韓国，慶州）

アジャンタ石窟に残る未完成の礼拝堂（インド，アジャンタ）

高さ33メートルのカイラーサターナ寺院（インド，アジャンタ）

沈香が自生する山のふもとに住む少数民族の子どもたち（ベトナム，ファンアン）

竹ひごに線香の粉をまぶす女性（ベトナム，フエ）

龍などの文様が彫り込まれた沈香の巨木（ベトナム，ホーチミン）

タイ王室で使われていた象牙製物差し（タイ，バンコク国立博物館収蔵）

第4章　宝飾に見るペルシャの興亡

——ニシャプール～シーラーフ／二〇〇八年

貴人に差しかけられる日傘のレリーフ（イラン，ペルセポリス）

中国は唐の時代、遥《はる》か西方の大国・ペルシャの美術工芸や風俗が大流行した。のちにイスラム勢力に滅ぼされるが、そのエキゾチックな文化はシルクロードを経て東端の日本へもたどりつく。正倉院に残された宝物たちに古代ペルシャの徴《しるし》を求め、夏の末から秋のかかりのイランを旅した。

トルコ石が採掘される坑道

1　旅人守る青いきらめき――ニシャプール

まるで巨大な蟻塚《ありづか》ではないか。見上げると、黒褐色の山肌に不ぞろいな穴がいくつもうがたれている。

昔日、シルクロードの要衝として栄えたニシャプールの近郊、マダン村にいる。荒草原広がるイラン北東部の寒村だが、名の通り、異形に見えたその岩山は国内最大のトルコ石鉱山という。

標高一五六〇メートル、坑口の一つに足を踏み入れた。狭い。幅三メートル、高さは二メートルほど。裸電球を頼りに、そろりそろりとゆく。ほどなく足元に現れたせせらぎの際に、絵の具と見まごう青色の帯が見えた。

「それがトルコ石さ。生成に水分が重要だから湧《わ》き水が多い。もっとも採掘地は二キロも先だ。日に一〇〇キロは採れるよ」。この程度で驚くな、という顔で現場責任者のアリヨバルザン・マーフィーさん（30歳）が言う。

開山は約五〇〇〇年前。日本はまだ、縄文時代だ。採掘には約一〇〇人の村人が従事する。労賃は月に四〇〇万リアル（約四万六〇〇〇円）。農業なら年収一億リアルを稼ぐのも可能らしいが、ジャワード・サーデギィさん（28歳）は「先祖代々こ

世界最良とされるニシャプール産のトルコ石

うやって暮らしてきた。トルコ石は村が神から授かった宝石さ」と屈託がない。
坑道から出ると、原石のせりが始まっていた。掘りためた半年分を売るという。坑道内から猫車に載せられ、原石が運び出されてくる。一袋九〇キロ入りで一二〇〇万リアル（約一四万円）前後。五袋を買った仲買人の男が三センチ大はあろう指輪を見せびらかして笑った。

「ここの産だ。これだけの逸品は、なかなかないぜ」。

ニシャプールはササン朝ペルシャ（二二六－六五一年）の東方経営の拠点となり、滅亡後もイスラム諸王朝の支配下、東西交易の要の地として殷賑《いんしん》を極めた。世界最良質とされた、この地のトルコ石もさまざまな宝飾品へとかたちを改め、盛んに流通した。

「フィールーゼ」というペルシャ語の呼び名は、勝利を意味する。「昔は王様が戦の勝利を願って身に着けたんだ。あんたもどうだ」。冷やかしに寄った中心街の宝石店で、店主のホセイニ・ホセンニアさん（40歳）が商売ついでに教えてくれた。

事実、首都テヘランの国立宝石博物館にはトルコ石で装飾された王家の水パイプや帽子飾りが残る。正倉院宝物「平螺鈿背八角鏡《へいらでんはいのはっかくきょう》」（口絵参照）も中国製とみられるが、控えめにちりばめられた裏面のトルコ石は、やはりここ、ニシャプールの産だったろう。

古来、トルコ石は災いをよけ、旅のお守りになると言い伝えられてきた。ニシャプール東方、イスラム教シーア派の聖地マシャドを行き交う巡礼者の指には、トルコ石の指輪が目立つ。中心部のハラメ・モタッハル広場に行き着くと、巡礼の人波の向こうにトルコ石色をしたモスクの円屋根がのぞいた。

「ペルシャの伝統を継ぐイスラム教徒らもこの宝石の神秘にあこがれた。モスクに同色の釉薬《ゆうやく》が用いられてきたのはそのためです」。傍らでムスリムの案内人が言った。

かすかにコーランの朗唱が聞こえる。目を遣《や》る。と、祈り声に満ちた円屋根の青が輝き、それも溶け込むほどの午後の蒼天《そうてん》が広がっていた。

2　日本との縁つなぐガラス碗——デイラマーン

大皿に山盛りの白飯が、床に敷かれた食布の真ん中でほかほかと湯気を立てていた。カスピ海産白身魚の空揚げ、腹子《はららご》、ニンニクの酢漬け……。おかずもそれぞれの皿に盛られて周囲に並べられていく。

イラン北西部、ギラン州の文化遺産観光手工芸庁に勤めるヴァリ・ジャハニさん（36歳）は、こうして自宅で食べる妻の手料理が大好きだ。

「休日の昼食は家族でごちそうを食べるんだ。地元の食材は何でもおいしいけど、欠かせないのはご飯さ。食習慣が違うよそでは暮らせないよ」。そう言って、ジャハニさんは五歳の息子に料理とたっぷりのご飯を取り分けた。

パン（ナン）食文化圏のイランにあって、ギラン州はやや異質だ。おおむね人々は一日に二食、ときには三食とも米飯を食べる。

そのゆえんは、背後に広がる世界最大湖・カスピ海がこの地にもたらしてきた湿潤さだろう。国土の大半が乾燥地帯に位置するなか、州都ラシュトの年間降水量は一三五五ミリと、大阪市に比肩する。

カスピ海に注ぐセフィードルード川の両岸が水田地帯を成し、生産高は国内の四割を占める年約六〇万トン。一人あたり消費量も年平均八〇～九六キロと、日本人の約五〇キロをしのぐ。

ジャハニさんに案内役を頼み、州南東部のデイラマーンという名の高原へ行く。「今も盗掘がやまないんだよ」。偏在する古代ペルシャの墓地群でバンを止めると、彼が顔をしかめた。

墓から副葬品の盗掘が相次ぐようになったのは約五〇年前かららしい。しかし、それが皮肉にもこの地と日本との縁《えにし》、すなわちシルクロードで結ばれていたことを証明するという僥倖《ぎょうこう》を呼んだ。

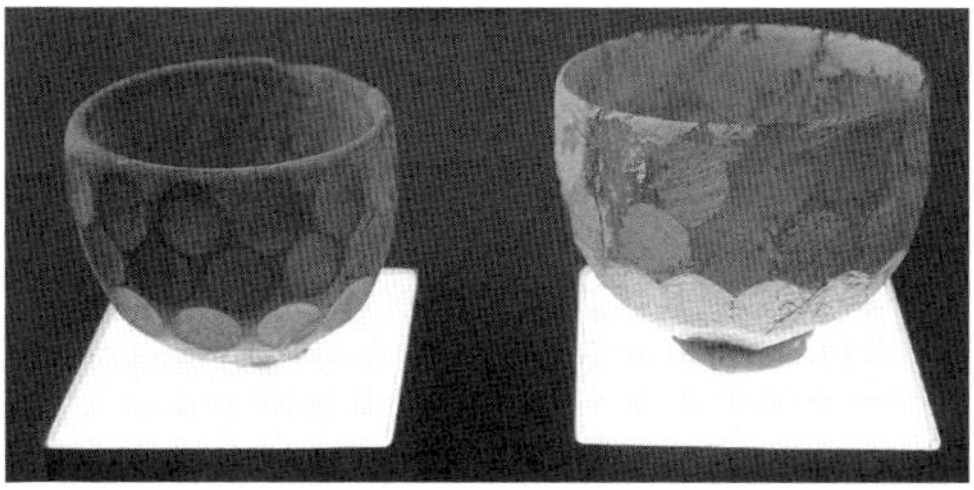

白瑠璃碗と同形の発掘された碗

一九五九年のこと。首都テヘランの古美術店で売り物にされていた精巧なガラス碗《わん》を、遺跡調査に来ていた東京大学の調査団員が偶然、目にして驚く。なんとその碗は、茶色味がかった透明ガラスに円形切子が亀甲状に施された、正倉院宝物の「白瑠璃碗《はくるりのわん》」（口絵参照）とうり二つだったのだ。

過去に盗掘されたガラス碗は約一〇〇〇点にのぼる。かつては盗掘品のバザールまでおおっぴらに開かれていたという。

表情を曇らせ説明を終えると、ジャハニさんは初めて破顔した。「食材豊かな土地だもの。古代の人々はごちそうを前に、ガラス碗でワインを酌み交わしたんだろう。戒律で酒を禁じられた現代と違って、ね」。

高原をくだる途次、眼前に予想もしない景色が広がった。棚田だ。千枚以上はあろう。渓谷の全面を覆っている。

バンを降り、あぜに立つ。農家の人たちが収穫に追われている。プラム村といい、一二〇戸ほどあるらしい。

「機械が入らないので全部手作業さ。大変だけど、水がきれいだから平地の米よりうまいよ」と、レザ・タギザデさん（45歳）が胸を張った。

日本にも棚田があると言うと、集まった人々からうれしそうな笑顔が返ってきた。

雨が降り出した。農家の庭先を、こっここっこと鶏が歩く。どこか懐かしい。白

稲穂が実る棚田（イラン，プラム村）

瑠璃碗も、この辺りの道を運ばれたのだろうか。「イランの中に日本をみつけた」。ほどなくそんな思いが込み上げ、ほおが緩んだ。

3 拝火教の影響濃い仏教儀式——ヤズド

黄色い土埃《つちぼこり》まう道を、老夫がロバの背に揺られて行く。イラン中央部、ヤズドは砂漠の外れにある街だ。

「サラーム（こんにちは）」

「ドルード（やあ）」

バンを止め、あいさつを交わす。視線の先に迫った「沈黙の塔」を指さし、あれへ登ると言うと、老夫はほほ笑み、歯のない口を開いた。

「わしの祖父母も母も、あそこで骨になったんじゃよ」

彼はゾロアスター教（拝火教）徒で、シャリヤル・フルディと名乗った。八三歳。塔近くの墓地で墓守をしているという。

荒涼とした丘に立つ二基のそれらは、塔とは名ばかりだ。直径二五メートル、高さは一〇メートルほど。石積みで屋根はない。

かつてここでゾロアスター教徒らは鳥葬を行った。遺体を置き、ハゲタカやカラスがついばむに任せる。沈黙の塔。まさに、死の静寂が支配するにふさわしい名ではないか。

鳥葬は一九五〇年代に衛生上の理由などから禁じられたが、フルディさんは「その後も塔はこっそり使われておったよ」と教えてくれた。

ヤズドのゾロアスター教徒は約二万人。神殿も一八カ所あり、いずれもイラン最多だ。

すでに日没が近い。

丘をくだってゆくと、麓《ふもと》の集会所で教徒の追善供養が営まれていた。仏教の四十九日法要にあたるという。

白布で覆われた祭壇に、遺影と果物や米の供物。「祭司がアベスター（聖典）を唱え、親族で食事をしながら死者をしのぶのです」。故人の甥《おい》で大学生のアルマン・イザディさん（21歳）が説明してくれる。

機械工学を学び、海外での就職を希望しているらしい。「日本企業も魅力的です」。途中から日本について質問攻めにあったが、ひとつ印象的な問いが耳に残った。

「仏教にも天国と地獄があるのですか」

ゾロアスター教は紀元前一二～同九世紀ごろ、中央アジアで成立した世界最古の啓示宗教だ。至高神、善悪二元論、天国と地獄……。その教義は後のキリスト教や

丘の上の沈黙の塔では，かつて鳥葬が行われた（イラン，ヤズド）

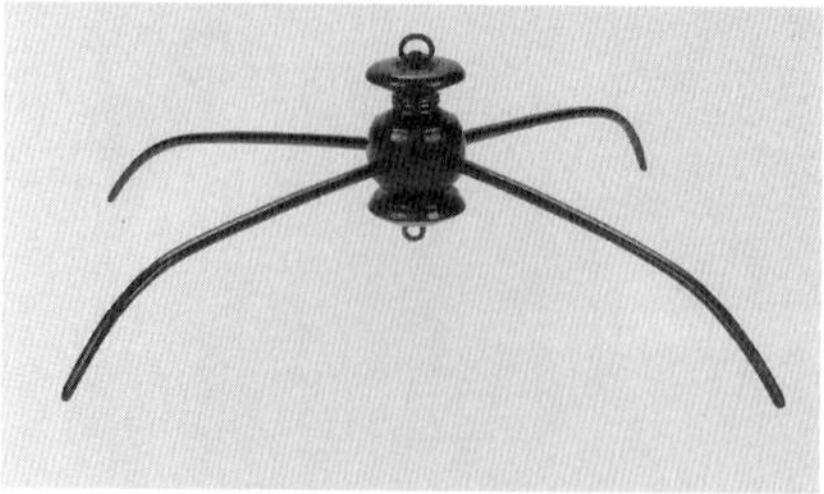

灌頂天蓋骨（正倉院宝物）

仏教などに大きな影響を及ぼした。

一説には奈良・東大寺のお水取りなど火と水を扱う仏教儀式の淵源《えんげん》もそれに求められるという。正倉院宝物の「灌頂天蓋骨《かんじょうてんがいのほね》」は傘に垂らせた布を、頭に水を注ぐ儀式に見たてており、起源は同様だろう。

国教としていたササン朝が滅んだ七世紀以降、教徒の多くはイスラム教に改宗し、今、国内では一〇万人を切る。

「仲間は減る一方だが、私たちは教義を守って善行を重ねるだけだ。天国へ行くために」。立ち寄った教徒団体で、ロスタム・フラディチャミ代表（56歳）が諦観《ていかん》の体で言った。

ヤズドの旧市街は、日干しレンガを土で塗り固めた家が並ぶ。ゾロアスター教の神殿跡に建てられたモスクの中庭から、地下へ約六〇段の急な石段を下りると、紀元前に造られたカナート（地下水路）が姿を現した。

辺りには、三〇〇〇～二〇〇〇年前にうがたれた約三三〇〇本が残る。四方を囲む三〇〇〇メートル級の山々を水源に、いくつもの縦坑と横坑が交差し、砂漠のオアシス都市に小麦やメロンをはぐくむ。

砂漠の熱風もここまでは届かない。いにしえから街を潤してきた水が涼しげに、静かに揺れているだけだった。

白銅火舎（正倉院宝物）

白石火舎（正倉院宝物）

4　獅子の帝国——ペルセポリス

百獣の王と呼ばれるライオンを、多民族を統べる力の象徴に見立てたのだろう。

史上初の世界帝国をうち立てたアケメネス朝ペルシャ（紀元前五五〇～同三三〇年）は王都、ペルセポリスの宮殿に数多《あまた》の獅子像を彫り刻んだ。予備知識を仕入れてはいたが、実物を前にすると、今にも飛び出さんばかりの迫力には怯《ひる》みを覚えるほどだ。

〈王権の印〉であった意匠は、やがてシルクロードを東漸し、奈良・正倉院にも伝わる。宝物の香炉「白石火舎《はくせきのかしゃ》」の脚はライオンを象《かたど》っており、同型の「白銅火舎《はくどうのかしゃ》」も、明治時代に補われる前の脚は獅子形だった可能性が専門家から指摘されている。二点の香炉は中国か日本製とみられるが、モチーフの起源はペルシャに求められよう。

「このライオンは黒光りがしてるだろう。観光客たちがこっそり撫《な》でて行くもんだから」。宮殿跡のアパダーナ（謁見《えっけん》の間）で壁の獅子彫刻を指し、ハサン・ラーサーズさん（56歳）が苦笑した。ペルセポリスの保存修復責任者を務める。

イラン西部、ラフマト山麓《さんろく》のペルセポリスは面積一二万五〇〇〇平方メートル、東京ドーム二面半分に相当する広大さだ。アレクサンドロス大王の遠征で紀元前三三〇年、灰燼《かいじん》に帰したが、二〇世紀前半に発掘が始まり、石灰岩の切石を積んだ基壇と、殿舎群の壮麗な壁や柱が再現した。

一九七九年、世界文化遺産に登録され、今も地道な修復・復元作業が続く。ラーサーズさんに導かれ、修復中の地下排水路を見せてもらった。深さ七メートル、幅はわずかに一メートル前後。ときに体の向きを変えながら、懐中電灯の光を頼りに歩く。窮屈さと闇の深さで息苦しい。よくこんな場所で作業ができるものだ。

「現場は空気が薄くてつらいよ」。ラーサーズさんは嘆いてみせながら、「一メートルにつき五〜七ミリの傾斜で水が流れるよう設計されている。技術の精密さは地上の宮殿より素晴らしい。いずれ観光客が見学できるようにしたいね」と言った。

これまでに終えた約二キロ分の修復では、副産物もあった。掘り出した土砂から大量の植物の種子、染料、宝石の砕片などが見つかったのだ。

調査にあたったイラン考古学研究センターのアリレザ・アスカリさん（32歳）は「宮廷の暮らしぶりも、じき明らかにできますよ」と、胸をたたいた。

アケメネス朝は、西はエーゲ海沿岸やエジプト、東は南アジアにまで達する広大な領域を支配した。さまざまな民族の宗教や伝統を容認し、シルクロードの原型となる幹線道路網を整えたことで、東西文化の交流が一気に進んだ。

アパダーナの壁には、獅子像に続いて各地の人々の姿も浮き彫りにされている。

騎馬遊牧民のスキタイ人、インド人、アルメニア人……。

それから約二五〇〇年。現代にあっても、ペルセポリスは、国内外から年間七〇万人を超す観光客でにぎわう。

「世界の歴史を学べば、ペルセポリスにたどり着く。僕もようやく来られた」。イタリア人の大学院生、マルコ・ラヌジィさん（28歳）は、初めて憧《あこが》れの地を踏んだ感慨をこう表現した。

地中からよみがえった〈世界都市〉は、再び時を刻んでいる。

5　海渡った交易の品――シーラーフ

シルクロードは陸の道ばかりではない。海路もあった。交易に使われた木造船を「ダウ」と呼ぶ。イランではそれが今も造られていると聞き、ペルシャ湾沿いの小さな港町、デルバールにやってきた。

石ころだらけの殺風景な浜辺で、丸太を組んだだけの船台にむき出しの竜骨が乗っかっている（口絵参照）。あれがダウなのだろうか。見当をつけて尋ねてみた。

「そうだ。完成したらドバイまで野菜を運ぶ」

一心に金づちで側板を打ち付けていた、サジャド・ダリヤペイマさん（30歳）が返事した。四代続く船大工の頭。二五〇トンの船体を一年かけて手作業で仕上げるという。

ダウに設計図はない。工法は父祖代々、口伝による。

防水のため、側板のすき間に綿を詰め、羊の糞《ふん》と石灰を混ぜたものをなすりつけ、サメの油を塗り重ねる。今は動力が帆からディーゼルエンジンに代わっただけで、「形も造り方も、二五〇〇年前のダリウス大王の時代から変わらない」と、ダリヤペイマさんは平然としたものだ。

構造が単純なこともあって耐久性は高く、寿命一〇〇年を超える船はざららしい。「父の代には、船はインドやアフリカへ航海してた。日本まで？　問題ない。エンジンは日本製だしな」。若い船匠は案外と本気なようだった。

デルバールの南約七〇キロの湾岸に、かつてササン朝ペルシャが「海のシルクロード」の拠点としたシーラーフという町があった。今はバンダル・タヘリと名を変えている。

地元の遺跡保護団体に勤めるユーセフ・サーベルさん（19歳）の案内で汀《みぎわ》を歩く。町はササン朝滅亡後も繁栄を続けたが、九七七年に大地震が起き壊滅した。遺構はもう、ほとんど残っていない。

サーベルさんが「貿易の中心は南東のホルムズへ移り、当時、港だった部分の陸

椰子実（正倉院宝物）

全浅香（正倉院宝物）

地は波の浸食で大半が失われました」と説明してくれた。

シーラーフ商人はダウを操り、インド、東南アジア経由で盛んに中国と交易した。正倉院宝物には、数ある美術工芸品に交じって香木の「全浅香《ぜんせんこう》」や「椰子実《やしのみ》」といった南方の産物がある。これらも、シーラーフ商人が中国への航海途中で入手した交易品だったかもしれない。

バンダル・タヘリからさらに南東のホルムズ海峡へ向け、バンを走らせる。車窓の両側に、炎と黒煙を噴き上げる、高い煙突群が見えてきた。地図を開ける。どうやら、世界最大規模という「南パルス天然ガス田」のプラントのようだ。

イランは、世界二位の原油埋蔵量を誇る大産油国でもある。ホルムズ海峡はペルシャ湾の出入り口にあたり、原油を運ぶ日本のタンカーが年に延べ四〇〇〇隻近く行き交う。まさに海上交通の要所だが、最狭部三三キロの難航路としても名を知られる。

「気温が高いので、もやがかかって視界が悪い。地元の木造船にぶつからないよう、見張りは厳重にしていましたよ」。社団法人・日本船長協会（東京）に電話して聞くと、約二〇年間タンカー船長などを務めた松田洋和さん（57歳）が話してくれた。

古代ペルシャのダウもきっと、もやに包まれ船出していったのだろう。遥《はる》か日本の海にも続く、東へと向けて。

コラム 4

イラン三題——佐波理・天蓋・尺八

イラン由来の正倉院宝物と言えば、多くの方は白瑠璃碗《はくるりのわん》を思い浮かべるであろう。

一九五九（昭和三四）年に東京大学の深井晋司教授がテヘランの骨董店で白瑠璃碗と瓜二つのガラス器を発見して以来、正倉院宝物の源流をササン朝ペルシャに求める研究が盛んとなった。今日では正倉院宝物の中にササン朝ペルシャからもたらされた品があることや、直接的ではないにしてもササン朝ペルシャに源流を求めることができる宝物が数多く存在することは半ば常識となっている。イランが初めての私にとって、何よりの楽しみはやはり古代のガラスだった。ところが、現地に足を踏み入れるとガラス器以外にも正倉院宝物の源流と思しき品々とめぐり会い、改めてササン朝ペルシャの影響の大きさを感じることとなった。思い込みがあることも覚悟しつつ、以下イランで気付いたことを記してみたい。

まず、佐波理《さはり》である。佐波理とは銅に錫と鉛を加え熱処理をした合金で、黄金色の輝きを持つ。硬質であるため、轆轤《ろくろ》で薄く挽くことができる。正倉院宝庫には佐波理製の鋺や盤、皿、匙などを見ることができるが、新羅製と推定される佐波理製品はとりわけ質が高い。佐波理製品は中国でも作られていたことは知られていたが、今回カスピ海沿岸のラシュト考古博物館で見た銅器はまさに佐波理の特徴を備えていた。しかも正倉院の佐波理鋺には底にあたかもヘソのように轆轤で小さな円を刻んだ例があるが、同じ処理がラシュト考古

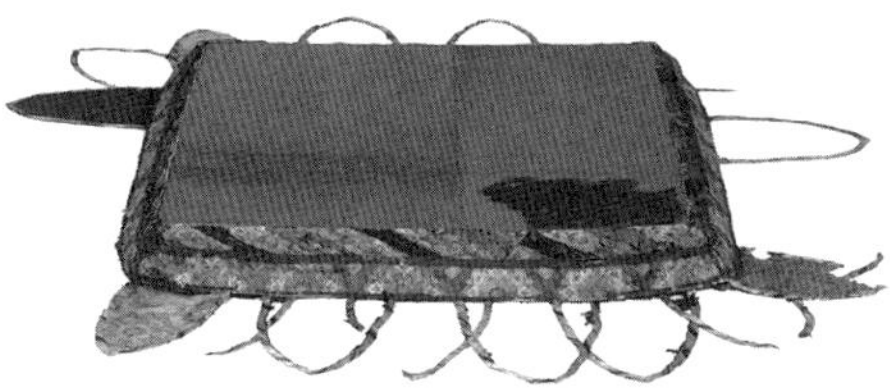

図2　天蓋（正倉院宝物）

図1　銅器

博物館の銅器にも見ることができた（図1）。佐波理の起源がどこにあるのかは難しい問題だが、イランは有力な候補地ではないかと考えている。

次は仏像や僧侶の頭上を飾る傘、天蓋である。宝庫の天蓋には、骨を放射状に広げ八角形などの布を張る形式と、方形で周囲に幕が垂れる形式（図2）の二種がある。仮に前者をアンブレラ型、後者をベッドの天蓋型と呼ぶことにしよう。仏教発祥の地である古代インドにおいてアンブレラ型はしばしば見ることができるが、ベッドの天蓋型はインド文明の最西端に位置するガンダーラを除き見ることはできない。このタイプはおそらくインド以外に源流があるのだろうと推測していたが、私が知ることができたのは中国・北魏の石窟寺院までだった。しかし、今回アケメネス朝ペルシャの遺跡ペルセポリスに行き、中央宮殿にベッドの天蓋型が浮き彫りされた石柱があることに気が付いた（図3）。幕ではなく玉をつなげた飾りであるが、天蓋の周囲に垂れ飾りをめぐらす点も正倉

図3　天蓋型の浮き彫り

院の例と共通する。これをもって正倉院天蓋の源流だと唱えるような短絡的な結論は差し控えたいが、私が今までに知りえたベッドの天蓋型の最古例は、紀元前五世紀のペリセポリスのものである。

最後は尺八である。宝庫の尺八は指孔が前に五つ、後ろに一つあり、今日の尺八より一つ多い。しかも細く、今日の尺八とは別系統と考えるべきだろう。今回、イラン東部のネイシャプールという街でイランの伝統楽器の演奏を聞いたが、その中のネイという縦笛（図4）は正倉院の尺八と指孔の位置がまったく同じであった。ただし、吹口の形は特に細工のない円筒形で、それを舌の側面に当てて舌を振るわせ音を出すというものであった。正倉院には五面の四絃琵琶が伝わっているが、これらがササン朝ペルシャ起源であることを考えれば、尺八もこの地のスタイルを伝えている可能性は十分にあるだろう。右の三例はおそらく氷山の一角だろう。正倉院宝物にはまだ誰も気が付いていないササン朝ペルシャの影響がきっとあるに違いない。今さらながら、正倉院はシルクロードの終着駅という、いささか使い古された言葉に重みを感じたイラン行であった。

（内藤　栄）

図4　ネイを奏でる演奏者（読売新聞大阪本社撮影）

カスピ海でとれた魚が並ぶバザール（イラン，ラシュト）

第5章　今も息づく唐土《もろこし》・新羅の技

——開封～慶州／二〇〇九年

「佐波理」が入ったるつぼをつかむ職人（韓国，慶州）

中国・唐代の都、長安（西安）から大陸東部や朝鮮半島を経て日本に至る道々は、西域を発したシルクロードの最終路である。山海を越えて遣唐使や商人らは往《ゆ》き、文物や財を持ち帰った。今も正倉院に伝わるゆかりの宝物の源流をたずねて、中韓両国へと足跡を探す旅に出た。

1　物流の拠点に息づく夜市——中国・開封

黄河流域のなかほど、開封の夜は、やはりその日も喧騒《けんそう》と食のにおいに満ちていた。

夏の終わりの週末。一三〇〇年前の遣唐使の時代から夜市が立つ「鼓楼広場」に来ている。手押し車の飲食屋台が一五〇メートル四方に一〇〇ほどもひしめき、まな板に生肉の塊やら川魚やらが山と積まれている。人出は万をくだるまい。その声にバイクや車の警笛が響きあい、やかましい。

「羊肉の鉄板焼きだよっ」。屋台の中から女店主の辛艶冷さん（46歳）が声をかけてきた。むうっとする熱気に乗って甘辛いタレの香が鼻腔《びこう》をつく。一元（約一三円）札を渡し、一片をほおばる。濃厚な肉汁がじわっと口中にあふれた。

「このまちの人は、外食といえば夜市。お陰で失業中の夫と子供の四人暮らしでもなんとかやっていけますよ」。辛さんは屈託なく笑った。

開封は、隋代に天津—杭州を結び開通した大運河の要衝で、長安へ向かう物資の大集積地となった。

まちの性格、気質は、長安を日本の東京とするなら、大阪といえようか。都で禁

金銀花盤（正倉院宝物）

じられた市民の夜間外出もお構いなしで、それでいくつもの夜市が立った。一二世紀の史書「東京夢華録」には、「天下の珍味の数々厨房《ちゅうぼう》に備わる」と繁栄ぶりが記され、人間の食のみならずペットの餌の宅配業まで出現した、とある。

大運河を舟航してきた遣唐使は、長安入りを前に当地で威儀を改めた。八〇四年、その一員だった空海が逗留《とうりゅう》したと伝わる古刹《こさつ》、「大相国寺」を訪ねた。

昼食どきである。何列もの長机を前に、茶僧衣の集団が肩ふれあわせて座り、食器を掲げて何かを唱えている。全国から集まった学僧たちらしい（口絵参照）。

「米一粒も山のように大きな、大切な物だと、感謝の言葉を唱えているのです」。住職の補佐役、源彬さん（29歳）が教えてくれた。

食事が始まった。一様に視線を落としたまま、豆とジャガイモの煮汁、米をいとおしむように口へ運ぶ。この後、三日間徹夜の読経が待っているという。若き日の空海もこの風景の中にいたのか。

正倉院に伝わる宝物「金銀花盤《きんぎんのかばん》」。盤を裏面から打ち出す技法で、花弁形の角を持つ「花鹿」を浮かび上がらせた大皿だ。裏面に唐代の重量単位が刻まれており、貴賓用に作られたものを遣唐使が持ち帰ったと考えられている。国賓扱いだった彼らにも、きっと同様の豪華皿に盛った宮廷料理が供されたことだろう。

翌朝、堤防上から黄河を眺めた。のたうつ大蛇のごとく曲がりくねったこの川は、舟運や自然の恵みをもたらす一方、氾濫《はんらん》を繰り返し、まちを黄土で埋め尽くしてきた。

主なものだけで紀元前から一九七七年までに一三回。清代の一八四一年には全域が十数メートルの高さまで水没した。

壊滅と再建。世代を超えて刻まれた苦難の記憶が、ここに生きる人々のたくましさを育んだのだろう。夜市は次の夜も、屋台の裸電球が触れるとやけどしそうなほどに輝き、人いきれでむせ返っていた。

2　先達の遺産を継ぐ人たち――中国・揚州

「せっかくの好天ですし、外で演奏しましょう」。揚州市立楽団の団長・聶峰さん（66歳）は切り出すと、女性団員の陶梅芳さん（62歳）と連れだって表へ出た。

七〇〇年来、まちに伝わる「揚州清曲」を弾いてくれるという。聶さんが民俗楽器の四胡を、陶さんは琵琶をそれぞれ手にいすへ腰掛けた（口絵参照）。

高音の、哀愁漂う旋律が白壁の路地を抜けてゆく。それに陶さんの透き通った歌声が重なり、耳に心地よい。

「ハスの花に落ちた水滴に手を伸ばしたら、消えてしまったよ――」。歌詞は片思いの切なさを詠んでいます」。演奏後、聶さんが説明した。

一三世紀の元代に生まれた揚州清曲は一四〇曲が残るが、大半に楽譜はなく口伝。一人前に弾きこなすのに一〇年は修業がいる。当世の奏者は市立楽団の一五人だけだ。

「曲はまちの先人の贈り物。三年前には無形文化財になった。我々が守り続けねば」と、聶さんは力を込めた。

長江河口域に開けた揚州は、古くから交易などで遡上《そじょう》する世界中の船が寄港した。遣唐使も数度上陸し、一員だった琵琶の名手、藤原貞敏がここで腕を磨いている。『水館』で八五歳の琵琶博士・廉承武から手ほどきを受けた」とする本人の記録(写し)が宮内庁に現存しており、その館があったとされる唐代の城跡辺りを歩いた。

一〇〇段ほどの石段を上った丘に、高さ約七メートルの城壁が再現されている。八三八年に訪れた貞敏も上ったはずだ。すでにかなりの腕前だったのだろう。二〇日間ほどの個人教授で廉承武に認められ、秘伝の琵琶譜を贈られた。

奈良・正倉院にも一八種七五点余の楽器が収蔵されている。なかでも「紫檀木画《したんもくが》槽琵琶《そうのびわ》」は、象牙を木にはめ込む技法で花鳥や狩猟の風景を描きあげた名器だ。貞敏、廉承武の師弟が厳しく向き合い、絃をつまびく姿がしのばれる。

城跡の丘をくだり、ふもとの「大明寺」に立ち寄った。五度の挫折を経て渡海し、

紫檀木画槽琵琶（正倉院宝物）

日本に仏教の戒律を伝えた鑑真が住職を務めた寺だ。

境内に三年前、「鑑真学院」という無償の学校ができたと聞いた。全国から選抜された約四〇人の僧が戒律や語学などを学んでいるという。

授業をのぞいた。日本の小中学校の教室にあるような簡素な小机が並ぶ。背筋を伸ばし、朗々と教科書を読み上げる教師。その姿を射抜くように見つめる若者たちは、まばたきを忘れている。本気の緊張感とはこの空気を言うのだ、と知らされた。

「来秋、四年制の一期生が卒業を迎えます。仏教の国際化に活躍してくれることでしょう」。能修住職（43歳）の期待は大きい。その心は、と問うと、「努力を惜しまず、どんな困難をも乗り越えようとする鑑真和上の精神は、このまちの宝です。それを次世代、世界へ伝えるのが、我々の役目だと考えています」。

ここでも先達の遺産を大切に継ぐ人たちに出会えた。

長江沿いの港へ急ぎ、フェリーで揚州を後にした。乗り場近くには、鑑真や遣唐使が大海原へと船出した船着き場跡があった。使命感、望郷の念、難破の恐怖。様々な思いが胸に去来したことだろう。デッキに上がると、川面を行く風に乗ってエンジン音が街の方へと遠のいていった。

昼夜を問わず作業が続く織機

3　絹からIT変貌の水都――中国・蘇州

「琵琶袋残欠《びわのふくろざんけつ》」。文字通り、楽器の琵琶を収める袋のひとひらにすぎない。が、唐伝来の正倉院宝物ともなると、材も意匠も比類はない。九色の生糸を幾重も織り込み、咲き誇る花々を細やかに、色鮮やかに描きだしている。

古《いにしえ》のシルクロードを運ばれ、その妖《あや》しいまでの光沢と肌触りで西域の人々を魅了した絹。一大産地だった蘇州は、今なお、中国随一の紡績のまちとして健在だった。

市の南部、盛沢鎮地区に二〇〇〇の紡績工場が集まる。その一つに足を踏み入れた。一〇〇メートル四方もある屋内は、すき間なく並んだ自動織機の作動音がけたたましい。「耳を聾《ろう》さんばかり」の轟音《ごうおん》とはこれを言うのだろう。大声でも会話に難渋するほどだ。

九〇台の織機から、ふわりとした白地の純絹がはき出されてはロールに巻き取られていく。一台あたり一時間に五メートルを生産するという。

「日本にも着物用に輸出している。年商は五〇億円だ」。工場責任者は胸を張った。

北に長江河口、西に太湖を控えた蘇州は、水路が無数に入り組んだ水郷都市である。その身近で豊富な水が養蚕用の桑木を育み、一六～一八世紀には一日にできる

琵琶袋残欠（正倉院宝物）

生糸で「天下が覆える」と言われた。

一九八〇年代から、近代化の波に乗って合成繊維へのシフトを強めてはいるが、「新素材の開発を進めつつ、伝統の絹をうまく商売に組み合わせて生き残るつもり」と、地元業界団体の沈荃宝・副秘書長（63歳）は語った。

八車線の高速道路をバンで約一時間走り、市中心部に。人口約一二〇〇万人。高速沿いにはビルが連なり、遠方には二〇～三〇階建ての高層マンション群も見える。「左手に見えてきたのが高新区です」。同行する市外事弁公室の趙秋波さん（58歳）が、一九九二年にできたというハイテク地区を指さした。

ＩＴ産業や精密機械など約一万社の工場や社屋が並ぶ。日本企業も約四〇〇社が進出している。地区内の総売り上げは二兆四〇〇〇億円といい、発展著しい蘇州の新興シンボルだ。

と、趙さんが少し陰のある表情をした。「一〇年前には市域の四割を占めた湖や池が、埋め立てで激減しているのです」。急速な近代化の代償か。かつてマルコ・ポーロが「東方のベネチア」と呼んだ水郷が失われつつあるらしい。

約二五〇〇年前の水路が残るという旧市街へ向かった。

「手こぎ舟はどうですか」。竹笠《たけがさ》の下から、日焼けした女性の笑顔がのぞいた。全長三メートルの木舟に乗る。以前は物売りなどに使われたが、今は皆、観光用

水路を進む遊覧用の小舟

だ。船尾に立った女性が巧みに櫓《ろ》で水をかくと、すっ、すっと舟は滑り出した。意外に速い。

「近頃、急に店が増えましてね。あれはイギリス人が経営する喫茶店。家賃は一万四〇〇〇元（約一八万円）！」。驚いた表情をつくって、女船頭さんが沿道を指さした。

小綺麗《こぎれい》な観光客向けの店に交じって、壁がすすけた民家もまだ、ぽつ、ぽつ。軒先に洗濯物がつるされ、水路際でキャベツを洗う女性がいた。

旧《ふる》きが新しきにとって代わられる、そんな凝縮された景色の真中を舟は進んでゆく。夕まぐれの月が優しい。盛運の水都は、さらにどんな変貌《へんぼう》をとげていくのだろうか。

4　今も誇れる海洋王の栄華——韓国・莞島

シルクロードを東漸して日本へ渡った文物には、朝鮮半島を経由したものも少なくない。とりわけ七世紀から約三〇〇年続いた統一新羅は、中国の唐代とも重なり、交易面で縁深い国だった。

韓国・釜山《ブサン》空港から約五時間、車を飛ばし、半島南端の莞島《ワンド》に着く。漁港近くで

交易品を満載した船が往来した張の司令部の遺跡

車を降り、うーんと伸びをした。初秋の昼下がり。気温は二二度。風に潮の香が濃い。

漁師のおかみさんだろう。長靴姿の一〇人ほどが車座で談笑し、食堂の軒先では潮焼けした男たちがアワビの刺し身で飯をたべ、唐辛子で真っ赤なスープをすすっている。

「アンニョンハセヨ（こんにちは）」。道の向こうで、莞島郡庁文化観光課の李柱承さん（43歳）が手を上げた。「海洋王」と呼ばれた新羅の武将、張保皐《チャンボゴ》ゆかりの遺跡に案内してもらうのだ。

張保皐は八二八年、莞島に軍事要塞《ようさい》「清海鎮」を設けた。そして新羅商人たちを束ねると、交易に乗り出し、中国東南部から日本に至る海域を支配するようになる。

平安貴族は彼の船団から唐物を買い求めた。最後の遣唐使に参加した高僧・円仁の「入唐求法巡礼行記」には、張の庇護《ひご》下で仏教の聖地巡りをしたなどと、受けた援助の数々が記録されている。

張の司令部跡を李さんと歩いた。朱柱と瓦屋根の城門が再現されている。見張り台だった丘を登りきると、視野の先に水平線が広がった。

「北は日本へ、南は中国への航路でした。一望できるでしょう」。左右に大きく首を振って李さんが言った。

正倉院宝物の「平螺鈿背円鏡《へいらでんはいのえんきょう》」は、裏面に南方産の夜光貝や琥珀《こはく》などを丹念に

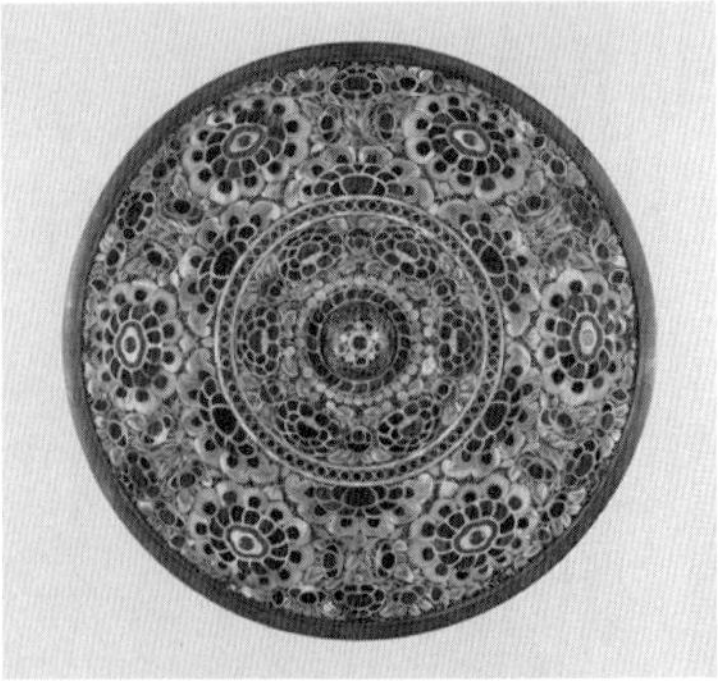
平螺鈿背円鏡（正倉院宝物）

張り合わせた逸品だ。珍重されたこれら素材は船で唐へ運ばれたという。まさに、海上交易が生んだ輝きといえよう。

張保皐は、二〇〇四年にその半生を描いた韓流大河ドラマ「海神《ヘシン》」がテレビ放映されて大ヒットし、人気に火がついた。韓国民の心をつかんだものは何だったのか。ドラマのロケ施設が山あいに残っていて、観光スポットになっている。カメラ片手の一行に声を掛けた。

「資源に乏しい韓国は、貿易で稼がないと未来がない。大昔にそれを成し遂げたなんて、誇らしいし、勇気づけられます」。主婦の文順玉さん（49歳）が魅力を語ってくれた。同行の旅行者らも「そう、そう」とうなずいた。

ドラマの放映後、観光客が急増し、今や年間約三五〇万人というが、島の主産業は漁業だ。なかでもアワビは国内の八割を産する。

港から漁業組合長・崔成完さん（48歳）の船に便乗し、養殖場を見せてもらう。沖合五〇〇メートル。縦五〇メートル、横一〇メートルの格子状に組まれた筏《いかだ》が一〇〇以上も浮かぶ。その一つに崔さんが飛び移り、ロープを引くと、二メートル四方の樹脂板にアワビがびっしりへばりついて上がってきた。一枚に平均二〇〇〇個という。

「ここの海底にたくさん転がっている白石が水を浄化するといわれてる。観光な

韓国料理に用いられる佐波理製品

んで一時のもの。莞島は、この海がある限り大丈夫」。崔さんが塩辛声を張り上げた。張保皐は後に暗殺され、海の民が覇権を握った時代はほどなく終わりを告げた。栄華の跡にはしかし、豊かな海の恵みが残された。

5　熟練の技守る千年の都——韓国・慶州

食卓いっぱいに並んだ鋺《わん》も皿も匙《さじ》もすべて、金と見まごう色合い、輝きである。韓国の伝統食器・鍮器《ユギ》。つややかな黄金色の正体は、銅と錫《すず》の合金で「佐波理《さはり》」という。

慶州《キョンジュ》で知り合った実業家の梁重奎さん（61歳）に招かれ、夕食の卓を囲んでいる。タレのしみたプルコギ（焼き肉）、ぷりぷりの蒸しエビ、松茸《まつたけ》……。ごちそうの数々に、はでやかな佐波理の色が相まってテーブルが華やいだ。

「チャルモッケスンミダ（いただきます）」。まずは大根葉のみそ汁を、と鋺を持ち上げた。ずしりとした重さ。手のひらにじんじん熱さが伝わり持っていられない。器を置いたまま食べるのが作法、と旅行案内書にあったのを思い出した。鋺を卓に戻し、匙ですくって飲んだ。保温力が高いのだろう。食事の最後まで汁は温かかった。

佐波理加盤（正倉院宝物）

「やっぱり鍮器を使うと、料理が引き立つね。さびを取るのが面倒だと、冠婚葬祭ぐらいにしか使わないという家が増えましたが、惜しい話ですよ」。梁さんは言った。

「千年の都」と呼ばれる慶州は、紀元前に建国した新羅の時代から千年近く、都が置かれたまちだ。佐波理は、唐から積極的に文化を吸収した七～八世紀に生み出され、都には宮廷へ納める鍮器の工房が多数設けられた。希少な金の代替物だったとの説があるだけに、真の黄金色に近づけるべく試行錯誤が繰り返され、銅七八%、錫二二%の配合率が定まったという。日本にも伝わり、正倉院には皿や匙、水差しなど一〇〇〇点を超す佐波理製品が残されている。茶道の世界では「砂張」という字をあて、今も銅鑼《どら》や建水に使う。

市内に古くからの鍮器工房があると聞き、訪ねてみた。

粉じん舞う作業場で、軍手をはめた職人が高さ約六〇センチのかまどの上ぶたを開けた。放射熱に、思わず顔を背ける。温度は約二〇〇〇度という。

職人はそこへ鉄棒を突っ込み、黄色く熱された坩堝《るつぼ》を慎重につかみ上げた。中で溶けた佐波理が揺れている。じっと目をこらし、軽くうなずくと、職人は坩堝の中身を一気に鋳型へ流し込んだ。

「この段階で一〇〇〇～一〇五〇度になっていないと、表面に穴が開く。職人は色で温度を測っています」。傍らで工房経営者の金莞洙さん（56歳）が説明してくれる。

この後も再加熱と水冷による焼き入れ、研磨と息の抜けない工程が続く。熟練の職人四人で生産数は月に一五〇〇点がやっと、という。

「南山《ナムサン》にも昔のすばらしい技が残っていますよ。ぜひ、ご覧なさい」。そう金さんが教えるので、翌日、市南部にある標高五〇〇メートルほどの山に登った。

岩肌に、仏教が隆盛した統一新羅（六七六～九三五年）の時代を中心に約一〇〇体の仏像が彫られている。頂上近い断崖《だんがい》に、石仏の一つ「磨崖菩薩半跏像」があった。座高一・四メートルの仏さまがふっくらとした温顔で瞑想《めいそう》される姿は、信心なき身にも、しむようなありがたさである。

一心に鑿《のみ》をたたいただろう彫り人に、鍮器職人たちの姿が重なった。幾星霜を経ても変わらぬ人の営みがある。旅の道々を追憶しながら山路をくだった。

コラム 5

中国古代都市の城壁

本編にもあるように、中国江蘇省揚州市の市街地の北方、蜀岡と呼ばれる丘上には、高さ六メートル以上の城壁が再現されている。

ここは、隋代に煬帝が行宮（江都宮と称す）を営んだ場所で、それを引き継いだ唐は、この市街地を見下ろす高台に揚州都督府の政庁を置いた。揚州は、煬帝が開いた揚子江—黄河間の大運河の揚子江側の起点であり、江南の物資が集積する流通の街だった。日本人にとっては、苦難の末に日本へ渡った鑑真和上の出身地として、また日本から海を渡った遣唐使たちが逗留した場所として馴染み深い。

ところで、前近代において、中国の都市は城壁に囲まれているのを常とした。揚州も唐代には城壁があり（揚州城）、その中は市民の居住する羅城と、都督府の機関が集まる衙城（子城とも）に分かれていた。先の再現城壁は、羅城と衙城とを区切る壁である。それでなくとも衙城のある蜀岡は地形的に小高く、その上に聳《そび》え立つ城壁は相当の威圧感を誇ったであろう。

さて、唐の各都市にあった城壁も、時代とともに失われたり、造り替えられたりして、完全な形で残るものは存在しない。日本人には陝西省西安市（唐の長安）の城壁がよく知られているが、これは明代のものである。したがって、唐代城壁の構造は、破壊されずに残った断片的な遺構や、考古学的な発掘調査、或いは文献史料の調査研究によって復元されなければならない。揚州の場合、幸いにも衙城の西壁に相当する部分の唐代城壁遺構が良い状態で残っており、それ以外の部分も研究によってかなり正確な図面が復元されている。それによると、衙城は変則的な多角形を呈し、最大で南北約一・五キロメートル、東西約二キロメートルの幅があった。西壁は当初一・四キロメートルの長さを有し、現存部分では地面との比高が最大で約一〇メートルある、という。衙城だけですでにこの大きさである。その南に拡がる羅城は、南北約四キロメートル、東西約三キロメートルの規模であったという。

揚州を訪れた当日、城壁を紹介する小さな資料館に立ち寄った後、衙城西壁の遺構を見学した。それはあまりにも巨大で近寄り難いものであったが、遺構の南端近くでは道路敷設のために一部が断ち割られており、城壁の断面を見ることができた。今や草木で覆われて土の状態までは観察できなかったが、版築による土盛の様子を想像したりして、楽しい時間ではあった。

実は、このときの取材行では、揚州に辿り着く以前に、他の城壁をいくつか見て来ていた。大運河の黄河側の入口であった河南省開封市は、今も市街地が城壁に囲われているが、その地下には黄河の氾濫で流された清代以前の城壁の痕跡がみられるという。また、河南省鄭州市には、紀元前一五〇〇年頃の商代の城壁が残る。こちらはそれほど高くないので、同行者とともに土盛の壁上を歩いた。土壁は、間際まで民戸が迫る市街地のど真ん中にあって、細長い公園のような存在として街に溶け込み、三五〇〇年前と現代都市とが同居している。よくぞ壊されずに伝わったとの思いを致さずにはおられなかった。

（野尻　忠）

伎楽面呉女と似た顔立ちの女性像（揚州博物館所蔵）

第6章　五絃琵琶の伝えられし天竺

――アジャンタ～バラナシ／二〇一〇年

五絃琵琶の浮き彫り（コルカタ，インド博物館蔵）

二〇一〇年に一九年ぶりに公開された螺鈿紫檀五絃琵琶《らでんしたんのごげんびわ》は、目映《まばゆ》いほどの螺鈿をまとい、数ある所蔵品の中でも至宝と名高き逸品だ。天上の旋律を奏でた五絃の琵琶はいつしか廃れ、この一品だけがいまに伝わる。発祥の地とされる天竺《てんじく》に思いをはせ、正倉院につらなる道のりをたどった。

五絃琵琶を奏でるキンナラ

1　石窟の奥で絃弾く人面鳥——アジャンタ

虎が棲《す》むという密林を抜けると、渓谷が広がっていた。
インド・デカン高原の世界遺産、アジャンタ石窟《せっくつ》。馬蹄《ばてい》形に湾曲した谷底を上り、第一窟に足を踏み入れた。薄明かりに照らされた壁面の守門《しゅもん》像は、ほほ笑んでいるように見えた。

その背後。見過ごしそうなほど、さりげなく、五絃琵琶が描かれていた。すらりと伸びた細身の棹《さお》と胴は、正倉院の五絃琵琶と似通う。

琵琶を手にしているのは、インド神話の人面鳥キンナラ。愛嬌《あいきょう》のある表情で、絃をかき鳴らしている。

現地の言葉で、「ア」は「無い」、「ジャンタ」は「人々」を意味する。その言葉通り、アジャンタ石窟は、一〇〇〇年以上、人々に忘れ去られた存在だった。

修行場として築造が始まったのは紀元前一世紀。仏教の衰退もあり、七世紀頃には廃れた。その後、一八一九年に虎狩りに来た英国人に偶然発見されるまで、密林に埋もれていた。

渓谷の中腹に彫られた石窟群

人の目に触れなかったのが幸いしたのか。仏教芸術の遺構が数多くいまに伝わる。五絃琵琶を背にした守門像の大きさは、ほぼ人と同じ。「六世紀初頭に描かれた。S字にカーブした体のライン、冠のきめ細かい装飾は、ほかでは見られない」。案内役のガッディール・シェイクさん（52歳）も誇らしげだ。

明治期、インドを訪ねた美術思想家の岡倉天心も、守門像と向き合っている。七世紀末頃に描かれた法隆寺金堂壁画の菩薩像との類似を見いだし、「法隆寺の壁画のテクニックと同じうして居る」と喝破した。

金堂壁画は一九四九年の火災で焼損したが、その源流となる壁画は、一五〇〇年の時を経て、なお極彩色に輝く。

ほかに五絃琵琶はないか。三〇窟が連なるアジャンタの洞穴で探し求めた。見つけたのは壁画と彫刻の計五カ所。時に華やかに、時に厳かに奏でられ、窟の奥の釈迦像をたたえている。

琵琶は二系統ある。四絃琵琶はペルシャ起源で、胴の幅が広く、棹の先端が屈曲している。現代の琵琶はこの系統だ。五絃琵琶はインド起源とされ、古くは三世紀頃の彫刻が残る。

どのように伝わったのか。そんな疑問を投げかけると、インド考古局のヴェヌゴバラン・プロバハカンさん（40歳）は、図面を取り出した。「この辺りに交易路があったんです」。見れば、インド中部に街道が走り、パキスタンを経由して、シルクロードにつながっていた。

シルクロードを東上した五絃琵琶は、宮廷人らの心をつかんだ。「一、二絃目は人を不安にさせ、三、四絃目は心を清め、五絃目は最も控えめな音を出す。（そろって演奏されると）悲しく身にしみる」。唐代の詩人・白居易も思いを重ねた一人である。

アジャンタ第二六窟で、往時をしのばせる梵語《ぼんご》の銘文を見つけた。

〈鳥のさえずりに満ちた谷、瞑想《めいそう》家たちの住まう山の中〉

山深い地の修行僧に、五絃の調べはどう響いたのか。目を閉じると、石窟の奥から、その音色が聞こえたような気がした。

2　祇園精舎の絶えぬ祈り——シュラーヴァスティー

「祇園精舎の鐘の声、諸行無常の響きあり」。平家物語の冒頭の名句。祇園精舎への憧憬《しょうけい》は、琵琶の音色に乗せて、日本人の心に植えつけられた。

インド北部のシュラーヴァスティー。田園風景に囲まれた台地に、祇園精舎は

サヘート遺跡で祈るスリランカ人

あった。

悟りを開いた釈迦は、この地で最も長い時を過ごした。いまは、サヘート遺跡と呼ばれ、史跡公園になっている。

各国の巡礼者に交じり、整備された芝生と散策道を歩いた。寺院や僧坊は現存していないが、出土したレンガで基壇が再現されていた。

釈迦が説法を行った場所に着くと、白装束のスリランカ人が手を合わせ、地面に上半身をあずけるように頭を下げていた。

「お釈迦さまの足跡を感じた。何物にも代え難い」。アマラ・サマラシーさん（62歳）は、二〇分の祈りを終えてなお感動に浸る。

祇園精舎は紀元前五世紀頃、スダッタという長者が釈迦に寄進した寺院だ。元々はコーサラ国のジェータ太子の所有地だった。祇園は「ジェータ太子の園林」の略といい、精舎は「僧院」を意味する。

釈迦入滅後も、繁栄は続いた。だが、唐の高僧・玄奘《げんじょう》が七世紀に訪れた際は、様相が一変していた。「大唐西域記」には「伽藍《がらん》は数百あるが倒壊したものが多く、僧徒は少ない」とある。

荒れ果て、所在地さえ不確かになった祇園精舎は、一九世紀後半から調査が進み、往時の様子が次第にわかってきた。関西大学も一九八六年から三年間、発掘を行い、沐浴池《もくよく》や僧院の跡地を確認した。

「土器が山のように出てきた。かつてのにぎやかな様子が浮かんできた」。現場責任者を務めた地元の高校教諭、シャシブシャン・スクラさん（38歳）は、感激が忘れられない様子であった。

建てては朽ち、また建てる。伽藍の遺構からは、そんな営みを数百年にわたって続けながら、やがて忘れ去られていった時の流れが見て取れたという。すべては移ろい、とどまることはない。祇園精舎が辿《たど》った歴史もまた「諸行無常」であった。

釈迦ゆかりの天竺《てんじく》は、いつの世もあこがれの地だった。

唐の大寺院・西明寺は、祇園精舎をモデルにした。奈良時代、東大寺と並び称された大安寺（奈良市）は、その西明寺を模した。祇園社と呼ばれた八坂神社（京都市）には、祇園精舎との由縁が伝わる。

それにもまして天竺への憧憬を裏付ける逸話がある。七五二年、東大寺の大仏開眼会。導師として筆を執り、眼を入れたのは、インド出身の僧、菩提僊那《ぼだいせんな》であった。

日本側の招きで来日したのは、その一六年前。「僧俗が方々から集まって街に満ちあふれた」と歓迎ぶりが伝わる。

火をともした器をガンジスに流す女性

聖武天皇も、都の外まで迎えに出て歓待した。深く仏教に帰依した天皇のこと、祇園精舎や仏教音楽について語り合っただろう。インドを起源とし、遺愛品として伝わる螺鈿紫檀五絃琵琶《らでんしたんのごげんびわ》を巡っては、どのような話が弾んだであろうか。

3　聖なる川は女神の調べ――バラナシ

東の空に薄明かりが差すと、どこからか鐘を打ち鳴らす音が聞こえた。

聖なるガンジス。人々は沐浴《もくよく》場から川へと向かう。それが習わしなのだろう。水を口に含んでは吐き出し、手を合わせて頭の先までつかる。

紀元前の昔から、インド北東部にあるヒンズー教の聖地バラナシでは、日の出とともに同じ光景が繰り返されてきた。

沐浴はすべての罪を洗い流すと言われ、年間一〇〇〇万人を超える巡礼者が訪れる。三〇〇キロ離れた街から来たというサカルテップサ・パサードさん（73歳）は、「心が洗われて、信仰も深まる」と体をぬぐった。

小舟に乗り込み、辺りを巡った。黄土色の水は生ぬるく、流れは速い。

白煙が見えた。近づくと、白い布に巻かれた遺体が焼かれていた。遺灰は聖なる川に流し、死後には何も残さない。輪廻《りんね》からの解脱を願うヒンズー教徒の流儀なのだという。

バラナシでは毎年初め、学問と芸術の女神、サラスヴァティーの祭りが行われる。粘土とわらで作られた女神像に祈りを捧《ささ》げ、ガンジスへと流す。「祈れば知恵が与えられ、知恵があれば幸せになれる」。ヒンズー教僧侶のウッド・ウパデャイさん（45歳）は説く。

その女神が手にしているのが、紀元前から形を変えて伝わる楽器、ヴィーナだ。元々は弦楽器全般を意味する呼び名で、インドを起源とする五絃琵琶《ごげんびわ》との関連を指摘する専門家もいる。

演奏を聴いた。

琵琶のように胴と棹《さお》で形作られ、弦は七本。人の体ほどの大きさがあり、斜めに寝かせ、付け爪で弾く。音色は琵琶に比べて低音で伸びがある。

サラスヴァティーは、仏教で弁財天と呼ばれる。鎮護国家につながる経典「金光明経」では、仏法の守護者とされる。災害や疫病を防ぐため、聖武天皇が読経を命じたのがきっかけとなり、日本での信仰が広まった。

インドの女神との違いは、手にする楽器が琵琶に置き換わっていることである。

ヴィーナ奏者のラジャグパラムさん（53歳）は、弁財天について知らなかったが、

伎楽面，迦楼羅（正倉院宝物）

こんな答えが返ってきた。「ヴィーナは神様に捧げるための楽器だった。日本の琵琶にもそんな役割があったのではないか」。

ガンジスのほとりで、女性が手を合わせていた。祈っていたのは、背中に羽が生えたガルダの石像。インド神話やヒンズー教で聖鳥とあがめられ、「ガルーダ・インドネシア航空」の名前の由来ともなった。

ガルダは仏教で迦楼羅《かるら》と呼ばれ、仏法を守護する存在である。東大寺大仏開眼会《かいげんえ》で奉納された歌舞の一つ、伎楽《ぎがく》でも、正倉院展で二〇一〇年公開された迦楼羅の面をかぶった踊り手が登場していたという。

開眼会で披露された歌舞のうち、最もにぎやかだったのは、唐から伝わった唐楽とされる。琵琶、鼓、笛……。約二〇種の楽器が少なくとも数十人の編成で演奏され、唐で人気だった五絃琵琶も奏でられたとみられる。

シルクロード終着の地で、鎮護国家を祈った開眼会。続日本紀には「仏法が伝来して以来、このような盛大なものはなかった」とある。天竺《てんじく》への見果てぬ夢が、インド発祥の仏教文化を花開かせた――。ガンジスの悠久の流れを見つめていると、そう思えてならなかった。

五絃琵琶の壁画（アジャンタ石窟）

コラム 6

琵琶にちりばめられた天竺の面影

美の形容は幾千もあろう。心惹《ひ》かれるのは、フランスの詩人、ロートレアモン伯爵の『マルドロールの歌』に登場する一節だ。

〈解剖台の上でのミシンとこうもり傘の偶然の出会いのように美しい〉

（思潮社『ロートレアモン全集』渡辺広士訳）

二〇世紀初頭、フランス芸術界に君臨したアンドレ・ブルトンが『シュルレアリスム宣言』で引用し、広く知られるようになった。

我流で解釈するならば、意想外の組み合わせが、鑑賞者を不意打ちして非日常へと誘《いざな》う、とでも言うのか。

魅惑的な出会いは、ほかにもある。例えば、こんなのはどうか。「螺鈿《らでん》」「紫檀《したん》」「五絃琵琶《ごげんびわ》」——。

二〇一〇年の正倉院展で公開された螺鈿紫檀五絃琵琶のことである。

螺鈿は、貝殻をはめ込む装飾技法を指す。精緻を極めた花文様の意匠は目映《まばゆ》いばかりだ。

紫檀は、家具材として珍重される銘木である。優美な曲線を連ね、棹と胴を形作っている。

五絃の琵琶は、後の世で四絃琵琶が主流になったためか、世界でこの一品しか遺《のこ》されていない。

この組み合わせならば、すさまじい引力を放つのもうなずける。だが、五絃琵琶の麗しさを、それだけでは説明できない。なぜ人々を魅了するのか。二〇一〇年は、五絃琵琶の源流であるインドに、その答えを求めることにした。

第1節では、アジャンタを取り上げた。驚嘆したのは、この石窟が一〇〇〇年以上、人々に忘れ去られていたという事実だ。

第2節は、祇園精舎をテーマにした。建てては朽ち、また建てる営みを数百年にわたって続けてきた歴史は、『平家物語』の無常観と重なる。

第3節は、ヒンズー教の聖地であるバラナシを舞台にした。はるか昔から、いまと同じ祈りの光景が繰り返されてきたことを知り、めまいに似た感覚を覚えた。

いずれの節でも、琵琶を通して、天竺の面影を追った。おぼろげながら理解できたのは、インドにおける「時」が圧倒的なスケール感をもつということだ。

作家の堀田善衛は、こんな逸話を紹介している。インドの青年から「われわれは貧しい。しかし五〇年後には――」と聞かされた。堀田は思案する。

〈五十年後の日本――私はそんなものを考えたこともないし、五十年後の日本について現在生きているわれわれに責任があるなどと、それほど痛切な思いで考えたこともない。われわれは日本の未来についての理想を失ったのであろうか〉

引用した岩波新書『インドで考えたこと』の初版は一九五七年だ。五〇年が過ぎたいま、インドの経済発展を思うと、予言のようにも感じられる。

おそらく太古の昔から、インドの人々はその時々で「未来」を見ていたのではあるまいか。輪《りん》廻《ね》転生の宗教観とも無縁ではないはずだ。

翻って天平人も、「未来」を見据えていた。正倉院宝物が平成の世に伝わっていることが、何よりの証しとなる。一二五〇年を超える「過去」に思いを馳せ、「現在」に伝わる意匠に感嘆し、「未来」に引き継ぐ覚悟を新たにする。そんな感慨に浸れることが、五弦琵琶の魅力であろう。

だが、全く別の説もある。実は琵琶の内部に封じられた天竺の思念が、輪廻転生を重ねて人々を引きつけているんだ――と。源流であるインドを知るにつけ、こんな寓話《ぐうわ》を信じたくなった。（二河伊知郎）

古典楽器ヴィーナを弾く女性（インド，デリー）

第7章　天下一の名香を訪ねて
――ドンナイ～ホイアン／二〇一一年

観賞用のケースに収められた沈香の木（ベトナム，ホーチミン）

正倉院に伝承され、「天下第一の名香」とうたわれた「黄熟香《おうじゅくこう》」、通称「蘭奢待《らんじゃたい》」。東南アジアにのみ自生する沈香《じんこう》という香木の一種だ。シルクロードを経てもたらされた、国際色あふれる数々の宝物の中で、「芳香」という特異な魅力を放ち続ける。伝説の名香が生まれた地、ベトナムを訪ねた。

沈香の樹脂を削り取る住職

1　広がる樹海に神宿る木——ドンナイ

凜《りん》と伸びた木々が、雨期の大地を謳歌《おうか》していた。

ベトナム南部、ドンナイ省の仏教寺院ティン・サ・タム・クイー寺。貴重な沈香を守ろうと一万五〇〇〇本が植樹された森に入った。樹齢一六年。高さ二〇メートルはあろうか。袈裟《けさ》をまとった住職が、幹の黒ずんだ樹脂を削り火をつけた。乳白色の煙と甘く艶やかな香りが、柔らかに広がった。日常から解き放たれ、清浄な世界に導かれる——。こんな香りが地上に存在したのだ。

香木は仏教とともに伝来したが、蘭奢待《らんじゃたい》が、いつ日本にもたらされ、正倉院に納められたのか、経緯も含めて謎のままだ。ただ、手がかりはある。芳香の源である樹脂の成分は産地によって異なる。近年の研究で、蘭奢待はベトナム中部からラオス国境にいたる山岳地帯の沈香に近いことがわかった。

「ベトナム中南部では古来、王族が高地に住む少数民族に沈香を献上させていた」と、フエ大学のドゥー・バン教授（61歳）。

沈香が珍重された歴史は古い。奈良時代（八世紀）をはるかに遡る、紀元前三世

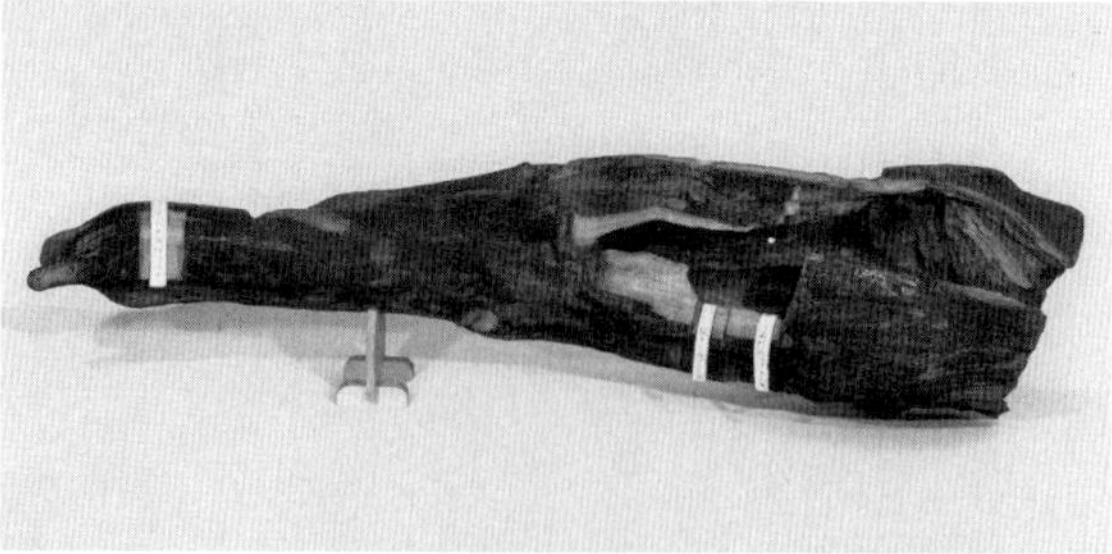

蘭奢待（正倉院宝物）　全長1.56 m，重さ11.6 kg。中世以降，世に名香として知られるようになり，「東」「大」「寺」の三文字を組み込んだ雅名で呼ばれた。足利義政や織田信長，明治天皇が切り取ったとされる跡に，名を記した付箋が貼られている。

紀の中国の歴史書に「沈香《じんこう》」が登場するという。王族への献上品の一つが、海のシルクロードを伝い、日本に届いたのか――。蘭奢待のはるかな旅を思う。

古都フエから北西約七〇キロの高地。少数民族、コーラオ族の村から西方を望んだ。ゴム林の向こうに、ラオス国境のチュオンソン山脈にいたる森が広がる。沈香の自生地だ。

「沈香の中には神様がいる。正月や特別な時にたくために、少しだけ削って持って帰るんだ」。コーラオ族のグーン・ヴーン・ムウォクさん（56歳）が白い歯を見せた。トラもすむ奥地へ分け入り、何日も探し歩くという。

中部の少数民族は、沈香を薬や虫よけ、魔よけに使い、厳しい高地での生活の支えとしてきた。見つけ方は代々受け継がれるという。グーンさんが謎めいた笑みを返した。「葉っぱでわかる。それ以上は秘密だ」。

乱獲や焼き畑で天然木が減り、希少性は高まる一方だ。数十年、数百年と樹脂を蓄えた最高級品は、一キロ五〇〇〇万円の値さえつく。薄給の鉄道員が、最高級品を探し当て、ホテルオーナーに上り詰めたと聞いた。幸運を手にするのは一握りだが、危険を冒し奥地を目指す。芳香は人々をとらえて放さない。

眼前の山脈のどこかで、蘭奢待は、王への貢ぎ物を探す少数民族に見いだされた

グエン王朝の栄華を伝える巨大な鼎

に違いない。傍らを駆け回るコーラオ族の子どもたち。名香を手にした者の末裔《まつえい》かもしれない。神秘をたたえた樹海に、蘭奢待をささげ持つ民の姿が浮かんだ。

2　秘薬伝承は王家の誇り――フエ

巨大な鼎《かなえ》が九つ、存在を誇示するかのように青黒い光沢を放っていた。

フエ中心部にあるベトナム最後の王朝・グエン王朝（一八〇二～一九四五年）の王宮跡。権威を象徴する青銅のモニュメントだ。高さ二メートル、重さ二トン。それぞれに、歴代の王の名とともに、動植物の絵が刻まれている。

初代ザーロン帝を象徴した中央の鼎に、力強く枝を伸ばした植物の意匠が鋳込まれ、漢字で「沈香」とあった。正倉院展で公開される「黄熟香《おうじゅくこう》」（通称・蘭奢待）は、この植物から採られた香木だ。

フエ遺跡保存センターのファン・タン・ハイ副所長（42歳）が、鼎に刻まれた意味を解説する。「王朝が誇る産物だった証し。王宮に沈香を管理する専門の役人を置いたほどだった」。はるか遠い時代から、王族たちは沈香を珍重したという。

ホーチミン市にグエン王朝の子孫を訪ねた。二代ミンマン帝から一二代目の、グ

鼎に鋳込まれた沈香

エン・フーク・ウン・ウィエンさん（70歳）だ。

「沈香は、王宮では特に薬として重宝されていました」

王宮は毎年、各地の省長に命じて沈香を採取させ、薬や消臭、他国への贈答品に使った。さらに年一回、二〇〇人の医者を集め、沈香の効能や薬の配合を研究させたという。成果をまとめた「秘伝書」は、五〇〇冊、記載された薬は二五〇〇種類に上り、王家に引き継がれた。グエンさんの元には、うち二冊が残る。

「沈香は腹痛や貧血、心臓発作、消化促進、骨折治療にも効く。私は今も西洋の薬は使わない」とグエンさん。天然の沈香が枯渇しつつあるため、三〇年かけて六〇トン分を収集し、倉庫に保管しているという。「伝統を後世に伝えるのが私の使命」。王族の誇りがうかがえた。

グエン王朝は薬効に着目し、沈香の実用性を突き詰めた。かたや日本では、香道など、非日常的な嗜《たしな》みが追求され、ベトナム由来とみられる蘭奢待が、名香として名をはせた。

ファン副所長は推し量る。「沈香が生えない日本では、香木が貴重だった。それゆえ独特の使用法が編み出され、香道という文化に発展したのでは」。

ベトナムと日本。王宮近くの街角で、共通点を見つけた。

民家や店の玄関先に線香が掲げられ、屋内外の祭壇に香炉やろうそくが並ぶ。先祖の供養、魔よけ、商売繁盛――。それぞれの願いを香煙に託していた。

北部を接する中国からの影響を色濃く残すベトナムでは、八割が仏教徒とされ、先祖を敬う儒教の要素も強いという。日本でも、香は仏事に欠かせない。

自宅庭の祭壇で、熱心に祈りをささげる年老いた男性を見かけた。線香を頭上にかざした後、うやうやしく線香鉢にさす。「煙が香りと一緒に、願いを仏様に届けてくれるのです」。

見慣れた祈りの風景が、はるか海を越えた地にもあった。

3 海の道をたどった逸品――ホイアン

朝焼けに小舟のシルエットが浮かぶ。海の安全を祈って手向けたのか、波止場に置かれた線香鉢の煙を潮風が揺らした。

古い木造町家が連なる港町、ホイアン。かつて中国やインド、アラブをつなぐ「海のシルクロード」の中継点として栄えた。

二世紀から一七世紀頃までベトナム中部で権勢を誇ったチャンパ王国が国際貿易の拠点にした。「この地（チャンパ）から沈香が輸出される」。九世紀のイスラム商

ホイアンの港

人の貿易記録に、そうある。沈香はこの頃、すでに主要交易品だった。

二〇一一年の正倉院展に出品された沈香の香木、「黄熟香」（通称・蘭奢待）の名が日本の史料に登場するのは、一一九三年の「東大寺勅封蔵開検目録」が最古。日本にもたらされた経緯は定かでないが、少なくともチャンパの時代に重なる。

ハノイ国家大学のグエン・バン・キム副学長（48歳）は「チャンパは長年、中国に朝貢を繰り返していた。蘭奢待も朝貢品として、ホイアン周辺で中国へ向かう船に積まれた」とみる。

チャンパから中国経由で東大寺に伝わったものが実際にある。「林邑《りんゆう》楽」。唐代のチャンパの呼び名を冠した舞楽は、チャンパの僧が遣唐使とともに来日した際に伝え、七五二年の東大寺大仏開眼会《かいげんえ》で奉納された。蘭奢待も同じ頃、海の道をたどったと考えてもおかしくはない。そして、遠く離れた日本で、香の文化を花開かせたのだ。

一七世紀に入り、ホイアンには朱印船貿易で日本から多数の商人が来航し、一〇〇〇人規模の日本人町を築いた。

「港にはコショウや象牙、犀角《さいかく》などがあふれ、それを目当てに、中国、マレーシア、フランスの商人も集まった。沈香の中でも最高級のキーナム（伽羅《きゃら》）は世界的に珍しく、トクガワも貴重さを知っていたのでしょう」。ホイアン遺跡保存センターのグエン・ドゥク・ミン所長（56歳）が言う。

稀代《きだい》の香木収集家だった徳川家康は一六〇六年、チャンパ国王に「ぜひ上質なキーナムがほしい」と手紙を送っていた。茶の湯や香道が隆盛し、香木が公家や裕福な武家に重宝がられた時代。日本人好みの芳香を放つベトナム産は、憧れの舶来品だったに違いない。

ホイアンの日本人町も今や、面影を残すのは、トゥボン川の支流に架かる日本橋（来遠橋）ばかりだ。傍らの香木店で、中国人観光客が加工職人の手元を食い入るように見つめていた。陳列棚を飾る大小さまざまな沈香。通りでは、ノン（菅笠《すげがさ》）をかぶった行商の女性が、かごいっぱいの香木を並べ、道行く人に声をかける。時代は移っても、沈香は街とともにある。

港に出た。かつてここから、多数の木造船が、力強く帆に風をはらませて旅立った。波間に刻まれた一筋の航跡を思い浮かべる。刹那に消えるが、深い余韻を残す——。沈香の香煙のようでもあった。

コラム 7

蘭奢待に近づく　時空を超える旅

天下第一の名香、蘭奢待《らんじゃたい》。長さ一五六センチ、重さ一一・六キロの大きな沈香《じんこう》である。

沈香は東南アジアに自生するジンコウジュという樹木に生じる香材で、産地によって香りのもとになる樹脂の成分が異なるそうだ。そのため、成分を分析すれば、産地の特定も可能らしい。近年の分析結果により、蘭奢待はベトナム中部からラオス国境に至る山岳地帯で採取されたものと考えられている。

二〇一一年の八月から九月にかけて、沈香を求め、香りを求めて、私はベトナムを訪れた。

まずベトナム南部、ドンナイ省にある寺を訪ねた。そこでは一万五〇〇〇本のジンコウジュが植樹されており、沈香が人工的に作り出されていた。

元来、ジンコウジュには特別な香りはない。傷ついた時、傷を癒やそうとして分泌された樹脂が沈着し、その部分が沈香になる。沈香はそのままでも香りがするが、それは序の口の香りであって、火で焚くなど加熱した時に、素晴らしい芳香を発散する。

そのお寺では、僧侶が木を傷つけて沈香を作り出していた。その収入で病院を建てると聞いたが、木を傷つける僧侶の姿に違和感を覚えた。

続いてベトナム中部のフエからラオスとの国境へと向かう。この地域に住む少数民族のコーラオ族は、沈香を薬や魔除けとして活用してきた。

地元の人はいないかと辺りを見回していたら、二人の小さな女の子が現れた。すかさず写真を撮ってカメラの画面を見せると、とっても喜んで、あっという間に子どもの数が増えた。蘭奢待が採れた場所かもしれない国境の山を背景に、可愛い子どもたちの写真を撮った。幸せなひとときだった。

蘭奢待は、織田信長が切り取ったことでも知られている。信長が蘭奢待を切ったのは、正倉院ではなく、正倉院の西方に位置する多聞山城である。

戦国時代に松永久秀が築いた多聞山城には、四重の天守があり、城内から大和が一望できた。宣教師ルイス・デ・アルメイダが、これほど美麗なるものは世界にも稀と絶賛した多聞山城は、築城からわずか十数年で壊され、城跡は現在奈良市立若草中学校になっている。

天正二（一五七四）年三月二三日、織田信長は東大寺に対し、正倉院に秘蔵される香木蘭奢待を拝見したいと、書状をもって申し入れた。

驚いた東大寺はあわてて合議し、「勅封なので、勅使でなければ開けることはできない」と伝えたところ、信長は直ちに天皇の許可を取り、四日後の二七日に、勅使とともに奈良に到着した。

翌日、開封の儀式を終えて東大寺の僧侶が倉へ入ると、蘭奢待は櫃《ひつ》に納められていた。蘭奢待はそのままの状態で信長が待つ多聞山城へ運ばれた。

城に着き、櫃から出された蘭奢待は、仏師がのこぎりを使って一寸四分（約四センチ角）ずつ、ふたつ切り取った。信長は「ひとつは禁裏様（天皇）へ、もうひとつは我らが拝領する」と告げた。

蘭奢待を切ったあと、信長は正倉院に伝わるもうひとつの名香紅沈《こうじん》も多聞山城へ運ばせたが、こちらは先例がないという理由で切らなかった。

信長は、礼節を守り、行き届いた配慮の人。権力を振りかざして強引に蘭奢待を切ったわけではない。蘭奢待を切るのが天下人のあかしと言われたりもするが、豊臣秀吉も徳川家康も切っていない。

信長は優れた美意識の持ち主だった。美麗な城で、蘭奢待を、仏師が切る。それをみる信長。美

若草中学校より大仏殿を遠望する，クレーンの見えているところが正倉院（筆者撮影）

しい光景である。

松永久秀も、信長に劣らぬ美的センスを持っていた。しかし、この七年前、東大寺に夜襲をかけた久秀は、大仏殿を焼き、大仏を溶かした。

昨秋、講演のために赴いた若草中学校から大仏殿を眺めているうちに、四四四年前に大仏殿を焼いた久秀が、私と同じ場所から大仏殿を眺めていたことに気づき、身震いがした。

大仏殿が再建されるのはその一四一年後。多聞山城の天守に立った信長の眼に、大仏殿が映ることはなかった。

（西山　厚）

日本人町の遺構，日本橋（ベトナム，ホイアン）

解　説

読者の皆さんの中には、この『シルクロード紀行』に見えるさまざまな地域のうちの幾つかを、既に訪れた方もおられることと思います。そうした方々には、かつて尋ねたシルクロードの景色やそこに暮らす人々の生活の営み、市場の喧噪などを懐かしく思い出していただけるのではないでしょうか。また、シルクロードの地を踏んだことのない人にとっては、未だ見ぬ西域の風景や、それらの地域で繰り広げられた民族の興亡の歴史を、正倉院に遺された宝物の姿に重ねて想像していただくことが少なからず可能となるのではないでしょうか。これが本書を上梓するに至った理由の一つです。

本書はシルクロードから奈良へ、正倉院宝物理解への道標《みちしるべ》となるものです。以下、簡単にその内容についてふれることにします。

［第一章］　タクラマカン砂漠の絹の町ホータンからこの紀行は始まります。西安から西へ伸びる天山南路と西域南道が合流するカシュガルは、民族の十字路とも呼ばれ、多彩な宗教、文化や「シルクロード商人」の末裔たちの賑いを今に伝えています。玄奘三蔵ゆかり高昌国の故地トルファンは、天山北路と南路が交わる要衝でもありました。かつて七月にかの地を訪れた時、葡萄棚の下で管弦を聴きながら葡萄酒を片手に食事を楽しむ優雅なオアシス世界を夢見ていた身にとって、想像を絶した灼熱の地の日盛りは街中に人の姿をみることもなく、砂漠地帯の自然の過酷さにふれた思いがしました。年間降水量がごく僅かとはいえ、少量

の雨でも瞬く間に砂漠に川が出来る様は、天山山脈に降った雨で晴れていても洪水になるとの話に納得したことを思い出します。ウルムチからトルファンを往復しただけでも、西域に伸びるシルクロードがオアシス間を結ぶ点の道であることを実感することができます。

［第二章］　釈迦入滅後、その遺骨を収めるための仏塔（ストゥーパ）が仏教寺院の濫觴《らんしょう》となる訳ですが、その一端を「黄銅合子」などの仏塔を模した舎利容器の歴史にみることができます。やがて、ギリシャ、ローマの神々の彫刻の影響を受けて、仏教の教えを石像彫刻として表現する仏像が作られたのが、紀元一世紀頃のガンダーラの地でありました。

タクラマカン砂漠の北縁に位置するクチャは、天山南路最大のオアシス都市として仏教が栄え、多くの仏教経典を漢訳した鳩摩羅什が生まれた所でもあります。キジル千仏洞の石窟にラピスラズリなどをふんだん使って描かれた仏伝図にみえる多彩な舞楽の様は、「螺鈿紫檀五絃琵琶」などによって奏でられた音色を彷彿させてくれます。

西安から西へ一二〇キロにある法門寺は、唐朝歴代皇帝の舎利信仰の歴史を伝えています。しかし、宝物の奉納目録である「衣物帳」が石碑であり、それらすべてが地下宮に埋められて残ったこと考えると、「国家珍宝帳」とそれに記載された正倉院宝物の伝世の姿は、正倉院の歴史遺産としての格別さを際立たせてくれます。

［第三章］　シルクロードの十字路として騎馬民族の興亡の地となった西域の地は、ギリシャ起源の唐草文がかの地の葡萄と結びついた葡萄唐草文様として、中国を経て日本へ伝わった我々に馴染深い文様発生の地

としても知られています。

サマルカンドは、七五一年の唐とイスラム連合軍の戦いで敗れ、捕虜となった唐人の手によって紙漉の技術がイスラム世界へ伝わり、やがて欧州へと伝播する契機となった土地でもあります。かの地のソグド人たちがもたらした散楽の姿は「墨絵弾弓」に見事に描かれています。

［第四章］　ササン朝ペルシャの殷賑を極めたニシャプールは、トルコ石の生産地としても知られ、唐代に盛行した「平螺鋼背八角鏡」にも使われています。

イラン北西部ギラン高原に出土するガラス碗は、「白瑠璃腕」と同じですが、発掘されたそれにはカットグラスの輝きはみえません。

ところで、シルクロードは陸の道だけではありません。ペルシャ湾沿にあったシーラーフの町は、かつての海のシルクロードの拠点として栄えた町でした。カットグラスもシーラーフ商人の手によって東南アジア経由で中国との交易によってもたらされた可能性を窺わせてくれます。

［第五章］　長安に入る遣唐使一行が必ず通ったことであろう開封の街、鑑真和上ゆかりの揚州、また、新羅の古都慶州は、正倉院に約千点の製品を遺す佐波理の生産を今に伝えています。

［第六章］　インドデカン高原のアジャンタ石窟には、唐代の詩人白居易の心を掴んだ五絃琵琶の音色が聞こえてくるような壁画をみることができます。

釈迦ゆかりの祇園精舎は、玄奘が訪ねた七世紀には既に荒廃していましたが、唐や奈良朝の人々にとっては天竺の地は聖地であり、東大寺大仏の開眼筆を執った菩提僊那の生まれた地でもありました。仏教の守護神とされる神々の姿を今もインドにみることができます。

［第七章］　ラオス国境に近いベトナムの山地が「蘭奢待」などの沈香の生産地です。これらの沈香を輸出したのがチャンパ王国の港町ホイアンでした。この地は中国とインド、中近東を結ぶ海のシルクロードの中継点でもありました。正倉院宝物にみえる沈香はもちろんのこと、犀角、象牙、椰子や白檀、紫檀などもこの港から積出されたことでしょう。

このように七回にわたりシルクロードの風景を辿ってまいりました。改めて本書が、一二五〇数年前の時代の薫りを今に伝える正倉院宝物への理解にいささかなりとも役立つものとなれば、古都奈良の秋の歳時記となった正倉院展を開催する館の人間としてこんな嬉しいことはありません。

正倉院宝物の魅力は、現在《いま》もさまざまな思いを私達に語りかけてくれるところにあります。本書が皆さんを正倉院展に御案内する招待状となれば幸いです。

二〇一二年五月

奈良国立博物館長

湯山賢一

初出・執筆者一覧

＊本書は「読売新聞」掲載の「シルクロード行」を再編した。初出掲載時期は次の通り。

第1章　世界の宝が運ばれた十字路——ホータン～西安／二〇〇五年
二〇〇五年一〇月一八日～二四日掲載、池口次郎執筆、森田昌孝撮影

第2章　仏の教えが伝えられし道——ガンダーラ～洛陽／二〇〇六年
二〇〇六年一〇月一六日～二二日掲載、池口次郎執筆、森田昌孝撮影

第3章　騎馬民族の興亡を映す文様——スイアーブ～メルブ／二〇〇七年
二〇〇七年一〇月一八日～二三日掲載、関口和哉執筆、中原正純撮影

第4章　宝飾に見るペルシャの興亡——ニシャプール～シーラーフ／二〇〇八年
二〇〇八年一〇月一八日～二二日掲載、関口和哉執筆、中原正純撮影

第5章　今も息づく唐土・新羅の技——開封～慶州／二〇〇九年
二〇〇九年一〇月一八日～二二日掲載、大達大二執筆、里見研撮影

第6章　五絃琵琶の伝えられし天竺——アジャンタ～バラナシ／二〇一〇年
二〇一〇年一〇月一三日～一六日掲載、鈴木隆弘執筆、里見研撮影

第7章　天下一の名香を訪ねて——ドンナイ～ホイアン／二〇一一年
二〇一一年一〇月二〇日～二三日掲載、山本慶史執筆、宇那木健一撮影

＊左記は書き下ろし（肩書きは二〇一二年時点のもの）。
はじめに　上田恭規（うえだ・やすのり、読売新聞大阪本社文化・生活部長）
コラム１　梶谷亮治（かじたに・りょうじ、東大寺ミュージアム館長）
コラム２　稲本泰生（いなもと・やすお、京都大学人文科学研究所准教授）
コラム３　吉澤　悟（よしざわ・さとる、奈良国立博物館学芸部情報サービス室長）
コラム４　内藤　栄（ないとう・さかえ、奈良国立博物館学芸部長補佐・工芸考古室長）
コラム５　野尻　忠（のじり・ただし、奈良国立博物館学芸部企画室長）
コラム６　二河伊知郎（にこう・いちろう、読売新聞大阪本社論説委員）
コラム７　西山　厚（にしやま・あつし、奈良国立博物館学芸部長）
解　説　湯山賢一（ゆやま・けんいち、奈良国立博物館長）

シルクロード紀行
——正倉院へとつづく道——

2012年6月30日　初版第1刷発行　〈検印省略〉
2017年7月30日　初版第2刷発行

定価はカバーに
表示しています

編　者　読売新聞大阪本社
　　　　奈良国立博物館
発行者　杉田啓三
印刷者　藤森英夫

発行所　株式会社　ミネルヴァ書房
607-8494　京都市山科区日ノ岡堤谷町1
電話　075-581-5191／振替　01020-0-8076

印刷・製本　亜細亜印刷

ISBN978-4-623-06291-1
Printed in Japan